2020 年 7 月第 1 期，总第 1 期

I0645775

纽约一行

First Line New York
Semiannual Literary Magazine

《纽约一行》杂志编辑委员会

纽约一行

半年刊文学杂志

First Line New York

Semiannual Literary Magazine

主编： 严力

纽约一行杂志编辑委员会：

王渝　邱辛晔　冰果　张耳　曹莉　程奇逢　严力

翻译部： 梅丹理　张耳　楚鸿　李玉然

艺术作品和插图： 毛毛（北京）　徐进（纽约）　钟飚（北京）
维拉（瑞典）　刘悦（纽约）　严力（纽约）

责任编辑： 冰寒

封 底 图： 严力

美编设计： 王昌华

出　　版： 易文出版社

本书惠承乐俊民严赛虹基金会赞助出版

关于《一行》纸刊复刊的几句话

"一行"诗人和艺术家团体是由我在 1987 年初的纽约提倡发起的，并于 1987 年 5 月 10 日出版了《一行》诗歌艺术季刊，是海外第一份华文诗刊，主要刊登海外和大陆以及台湾香港的华文作品，每期也刊登翻译成中文的西方著名诗人的作品。《一行》在出版了 25 期之后于 2000 年停止了纸刊，改为网刊三年后于 2003 年彻底停刊。2018 年因为王渝、邱辛晔等人在纽约法拉盛成立"纽约法拉盛诗歌节"时邀我一起参与，我就顺势把《一行》恢复为微信平台的传播，并与纽约法拉盛诗歌节以及海外华文作家笔会形成一体。

基于对人类诗歌精神的传承、基于海外华人对母语的热爱、基于写作者捍卫独立思考与自由表达的权利、基于人们对所处时代的社会责任，最后，基于各种方式记录的互补和不同的保存方式，我们于 2020 年决定恢复《一行》每年两期的纸刊模式，并于 2020 年 7 月出版复刊第一期。

由于新世纪以来传播方式的越来越多元，而自说自话没有编辑机制的发表过于随意而造成了快速地消失，为此我们继续传统地设立了七人编辑委员会，成员有：王渝、邱辛晔、冰果、张耳、曹莉、程奇逢、严力。并设有翻译专家和助手：梅丹理（Denis Mair 汉学家，美国诗人）、李玉然(Cleo Li-Schwartz 双语)等。另外请注意，一行还增加了散文、随笔和极短篇小说的栏目，欢迎投稿。

作为在纽约注册的非盈利文化机构，我们得到了一些商业团体和个人的捐助，各种项目将在发展中有所开拓，包括专题的诗集、散文与随笔甚至小说集的出版，就在首期一行复刊之际，我们还同时出版关于疫情的散文随笔集，之前的 6 月已出版《喊》——疫情诗选集。所以，也希望热爱文学艺术的人士与企业继续赞助我们。
谢谢！

严力 2020 年 6 月纽约

一行投稿

稿件和出版信息：

1. 编辑部优先考虑首发或没有在纸刊上发表过的近两年作品，其他优秀作品也将酌情选用，所有稿件以编辑部对质量和标准的要求取舍。
   投稿信箱：newyorkyihang@gmail.com
2. 稿件被接受后会有回复，凡是三个月内没有收到回复的，请转投他处。
3. 有作品刊登在一行的作者，都会赠送一册当期刊物。
4. 2020 年复刊首期出版是在 7 月，下半年刊是在 12 月。之后的每一年，上半年刊为 6 月，下半年刊为 12 月出版。
5. 我们所有的出版物都将在亚马逊网站上接受订购。

编辑部：王渝、邱辛晔、冰果、张耳、曹莉、程奇逢、严力
翻译部：梅丹理、张耳、楚鸿、李玉然。
捐助联系方式：请电邮 cswacny@gmail.com 联系我们

目 录

诗歌翻译

散文随笔

名家访谈

小说

艺术作品

毛毛（北京）　徐进（纽约）　钟飚（北京）
维拉（瑞典）　刘悦（纽约）　严力（纽约）

现代诗选

隔离（维拉作品）

阿登

无眠

鼻尖与夜枭遥遥相峙
青山尽暗。

带着些许疲惫
我于五月的一天躺下来
有月袭身
淡且微寒

是时候从史话中抽出食指了
马蹄声中
羁縻与岁币
值得几个春天？

于是困顿收拢，影子坐起
耳畔，有水滴
先裂于瓷片

阿蘅

1968，俄国人来了

——读《林中小屋》

飞机降落。夜里布拉格有零乱的枪声
整个国家被惊醒。
黑暗中年轻人高呼"杜布切克万岁"
街道封锁
赫拉巴尔参加婚礼被阻回。
赫拉巴尔被约谈。
俄国人的大炮对准捷克斯洛伐克作协大院。
一大批作家被清洗。
越来越多的作家被审查，约谈。
越来越多的书籍下架，当废纸运往造纸厂。

死亡不断传来。整个布拉格就像染了瘟疫
沃拉吉米尔上吊自杀。
贝宾大伯，父亲，科奇扬表妹夫
小猫艾当以及它之后的仔猫仔相继死亡
熟悉的作家，亲人，朋友也死亡
利本尼堤坝巷 24 号死亡（被水淹搬家）

恐惧在空气中流动就像电流
在高压线中。他像一粒带电的粒子跟着颤抖不已
好几次他看见黑色的汽车错当成来抓他的警车
我们的赫拉巴尔——
他的头颅轻抵在艾丽什卡胸部，像一只受惊的兔子

2020.6.5

4

谁来决定我们是谁

——一次使用阅读过的书名写诗活动

查令十字街 84 号
纸房子里
追风筝的人写下最后的日记
走进小径分岔的花园
万物静默如谜。
黑暗中相逢哈桑那张中国人的面孔
我还记得。
他为保护我所受到侮辱，我对他诬陷
他所遭受到的伤害……
大教堂
我幻想着粉碎现有的一切
——不可避免的生活。或者，与轻有关的事物
恢复迷局一样的我俩身份

2020.4.28

阿门

孤独记

半百后，一个男人说孤独
与谈自杀一样，是可耻的

家有妻女，有书有房
有忙不完的工作和写作
我应该有幸福的模样

可我是门，有与生俱来的
钥匙的孤独
和锁一样，深

深受其害，孤独像豹子
找不到祖国；深不可测
孤和独在暗战，命中注定的

软暴力，深夜写下的
诗歌，相信我的孤独是真的
是咸的，是卑微的……

在人间，我的孤独
还不够孤独

搬动记

半百后，有些东西
我搬不动了

前半生，学习搬运术
把名，搬到门里
把利，搬到家里

下班后，叫上想象力
把汉语，从字典
搬到诗里

后半生，是不是还在写
是不是诗人已不重要
重要的是，还能搬动，
一口气

从体外，搬到体内
这看不见的一口气啊
从手上滑落，一生就完了

冰果

无题

亲爱的
最近，焦虑占据着我
念头沸腾着，像滚水一样
持续地从心底冒出来
又被镇压回去
反反复复……

我真希望被一个
更美妙的理由折磨——
比如你

但那些时时刻刻
滚烫的麦芽糖一般粘住我的
是那样的事情——
那些
等我的墓碑树立起来之后
不会有一个人再记着的
事情

2018.6.14

承诺

有人以江山为棋局
有人以绝路为逢生之策
歃血为盟的
擦干了嘴角
证人被蒙上裹面的黑布
自悬崖坠落
浪花拍起、砸下
淹没了呼救声
一切似从未发生过……

2020.5.25

冰释之

谣言颂

这一次谣言停下了脚步
打算和真相谈谈
但是带刀的权力穿过夜色下令
每户必须购买和谐

于是我们坐下来喝酒吃饭
看见玄衣披戴着谎言
将谣言逼到墙角敬酒直到
他伸出拇指接受聋哑人的待遇

病毒的特洛伊木马长驱直入
恐惧在城中起事
谣言卧床叹息
真相这把刀出门太久了

年轻的谣言曾经
撞上一个让眼睛开口的医生
谎言逼迫他闭嘴后来他干脆闭上了眼
人们怀念谣言如同怀念真相的归期

真相随新年悄然长大
所有该做和不该做的梦都做了
给病毒戴上皇冠从后门推入市场
引诱饕餮者蜂拥而上

这一次恐惧真的翻身了
这一次谎言剿杀了谣言的精神
将真相这把刀死死地插在了
谣言的肉体上

2020.2.14

残月照亮古城

航班沿着五线谱的缺口
滑入节奏的悬崖
画面展开疲惫的弧线
前途轻率地交给了远方

满载面具的航程中口罩
吞噬着目光
谁在演奏二胡的航线就像演练
抵达悲剧时的安详

巨大的黄昏被搬过来了
余晖闪烁其辞
到处是抑郁已久的翅膀到处
是无知在飞翔

但清迈之上的旋律是优雅的
直到半夜时分

所有的体温已经降落
城市在出租一截七百年的迷墙

我押解一段历史从正西
进入古城
缺口的远端
一轮血腥的残月正好掉入准星

2020.2.18

从容

暗物质

洛杉矶的灰从门缝从纱窗
网格不顾一起地扑进来
出去走一圈
鞋底粘着来路不明的灰
这不是中国的"建筑工地"

科学家研究不出来的
神学已经在前面等你了：
灰尘和城市绿化无关
和每个人上下飞舞
热气朝天的念头有关

2020.5.10

呆瓜

寺外

我没有进去
进去又有什么用呢，我又不是
从山下匍匐而来的那个人
钟声从头顶上飘过
它只是飘过
像树上，轻轻掉下一枚叶子
刚好滑过眼帘
我一个人坐在墙边吸烟等人
一个修寺院墙的农民
在吸烟休息。我们像两个人面对面上香
相互进行安慰

2020.01.03

如玉

湖水是一面镜子
阳光抚摸了朝向它的那部分。她是一片白
在岸上
也在水里。风吹过来，又像一匹白马

我忘掉了那些苇草，也忘记了自己
身体轻微地移动
脚底会传来骨折声，既神秘，又有危险
接下来，她挥动翅膀
湖水之上
玉一样的存在，空气中散发着迷离的味道
我们的眼睛
持续把湖面抬高，和天空更接近
就要飞出视线了
所有都是静止的，我们受困于原地
包括时间

我对身旁的一个女人说
天鹅总有飞走的那一天，它身体里藏着
我们的女儿

2020.04.21

朵渔

无用的思想

是什么让她们如此快乐，笑声不断
这笑声在寂静的山间飘荡，仿佛春雷滚动
而你只看到接骨木的红色果子
在无限葳蕤的荒草中油光闪亮
一只蜂鸟的巢，悬垂在肥大的枝叶间
啊思想者你那虚无的思想又有何用
你混乱的心灵结构尚需向这些精致的巢学习
当夜晚来临，大地静息为夜雨中一盏昏暗的灯
一个美丽的少女起身，将它熄灭
大地上的芳香气息逐渐消失、飘散
一篇被全人类忘却的祈祷词
被众天使唱响在微茫的夜空
此时，你才算把捉住了自己的心灵
却依然无法形成一个清晰的思想。

罪人

我们不会从世上获得什么——除了食物
和爱，当然也不会失去什么——除了时间
和爱。我们都在走向同一个归途，有些人
快些，有些人故意放慢脚步——这都
无关紧要，要紧的是，我们在走
既没有获得，也无从失去——从宇宙
浩瀚的一角，露出一双眼睛
既无诅咒，也无怜悯地
看着，这群罪人
走在流放的途中……

海鸿

隐身术

日月只在高楼的狭隙中闪现
铁轨在地下平躺了百余年
窗外飞机起落的轰鸣
总想吞没客厅音箱里
钢琴独奏的洁身自好

我一直存在着

偶尔测试到云层下的气压
只得熨平大一号的套装
戴上悬挂于门边的表情面罩
去抵挡散落在宇宙间
窥探透视的射线

对隐身术着迷时
恰逢有人让"存在感"一词走红
我只得穿过电子屏幕心虚的厚度
去抚摸单薄文字后面
发育过度的中年大脑
刚硬过度的骨骼，触觉化作
不安分的泪花轮廓

立秋已过两周
五月种下的长豆角

仍在后院藤条上挣展
隔着风我能感知
那些摇摆的关节里
一点点滋生出僵涩
尽管风中的舞动
看上去跟夏天时
并无两样

共同体（钟飚作品）

禾秀

世界

世界被安放在一枚小小的抽屉里，
我安分守己
从一张纸走上另一张纸，
从一枚印章跳上另一枚印章。

我在里面规规矩矩地微笑，
遥远、陌生
轻如鸿毛。

花语

我始终坚定不移地涂口红

一般，我不化妆
一来，怕落入丑人多做怪的俗套
被人耻笑
二来，每一天都平平常常
大动干戈
就显得用心不良

捣鼓那些粉饼眼影什么的
浪费时间不说。如遇天热
抹一把，就像花脸猫
只是。我始终坚定不移地涂口红

我这样的不遗余力，只是证明：
我还有局部地区
像樱桃

蜗牛

我之所以卑恭屈膝，一寸一寸挪动
我之所以低三下四，走不出几米
全都是因为
我背上的那座山呐

其实， 我没有一刻不在渴望
怎样才能快一点，爬到
自己的背上去

季官伟

小木屋

记忆的门紧闭。锈蚀的铜锁
与蜘蛛网家长里短
清瘦的竹子扒在窗口上
依旧向屋里打探着爱情的虚实

残损的镜子剥离着老墙的憨厚
沧桑的几块木板也被一群白蚁掏空理想
神位上供奉着有限的几个名字
已让雨水打磨成了几具骷髅
风一吹，遍地都有空灵……多少年来
我始终找不到痛点

惟有夜间的星星闪烁其词
似乎想要跟我说些什么
最终又挠了下头，一些硬物卡在喉结处

鞭子

常引来我们太深的误会。只要一想起疼痛
或者每当我们站在疼痛的边缘
就会隐隐约约听到哭声
与苦难并行的。比如鲜血
绽放花朵的瞬间

而我们却有意无意忘却了他的初心
以及他试图借给我们的动力。比如川普
以及他的前任
就在朝鲜想要偷懒的时候，会狠狠地
给三胖子甩上一鞭子
逼他捣鼓出来核武，以及骨子里的阳刚之气
由此，我又不自觉地退回到了
小日本抽打母亲时的疼痛里

蒋波

碎瓷片

它躺在路边，陷入进退两难的
命运里。光泽含混
修饰着现实的缺口
圆满的审美价值里，缺席的部分
总是最重要的

它为这个时代越来越精致的瓶颈
而窒息。不得不承受
整座炉窑诘问的火焰

它不是孤单的一片。它与周围的色彩
灰尘、声音和光影，融成了一个整体

它那僵硬的边缘，只是告诉我们——
人世间延伸着，意味深长的裂痕

微光朦胧

明月，始终高挂
读夜的人，因此爱上黑暗
他用文字记录，想要挖出
更深层的忧郁和沉静——
这种压抑，微弱的发光体
不能看见

他沉浸于此，不能自拔
因而，获得了一种神秘的满足
但他深知，另一种永恒的缺憾
他期冀着弥补，又害怕弥补
他渴望着解药，又害怕解药

直到有一天
他的夜，想要和她的夜重逢

李婵娟

关于布考斯基和我

那时候我刚刚开始写诗
不知道布考斯基是谁
也没有读过他的诗
但是他先读到了我
也许是别处听说了我
或者看见我年轻时候的照片

总之他加了我微信
第一句话便是
提议我做他的情人
叫我搬到他的城市
专心写作，他养我
还做了许多细心的安排

看来深谙其道，蓄谋已久
对于养我这个事情
我并不反感
只是为什么是情人
哦，他有老婆或者即便单身
我也没有资格做他老婆
那朋友呢？他为什么不说朋友
养我的代价是睡我？
那不就是二奶！
为什么我不能是一而是二？！

去你妈的，谁稀罕，臭流氓
甩出这句话，我就拉黑了他
其实那时我有男友
虽然他也是个混蛋

多年以后的今天
落雨的武汉
因为封城我没有工资
在昏暗的小屋
我读到了他的诗
惊为天人

我在想多年前
他为什么不先跟我培养感情
不知道心急吃不了热豆腐？
不知道矜持是东方姑娘的美德？
虽然我肯定自己不会嫁给一个臭流氓
但我很可能会爱上一个写诗的混蛋

那不正是他想要的吗

隔离的日子我干了些什么

在胡萝卜皮肤长出皱纹
开始冒霉斑时
我将它们全部擦丝
焯水凉拌
顿顿吃还是馊了一半

在无法阻止土豆冒芽时
切丝切片，喝粥拌面

在略萨被禁时
关注了他

在京东恢复快递后
读了布莱希特的《致后代》

在忘记多久没见过一个活人
没说过一句人话时
试图张了张嘴

更多的时候
我蹲在阳光的监狱里
写着这些毫无卵用的诗

李成恩

瑜伽

冥想的力量驱赶了身体的黑暗
我学习一只幼鹅。她进入我体内是前年的事
她的柔软，她的弯曲
一直贴着我的身体，好像要把我从骨头里抽出来

我害怕我会折断，其实我已经获得了幼鹅的灵性
在我生活的光圈里，我摇晃着步子
掂起脚尖，拿头撞击冥想的水面
我想我会掉进湖里，我确实掉进去了
但我没有淹死，我获得了幼鹅的解救

她弯曲的脖子救了我，救我于焦虑的生活
就这样弯曲，就这样持久地置于宁静的湖面

我发现幼鹅煽动想象的翅膀，而我的想象也跟着
一张一合，今年我得了冥想症
我得了幼鹅病

在清晨幼鹅的第一次晨练中，我拍动水波
推开柳树与石桥。我快速整理我的羽毛
把头插入清凉的湖水，我看见整个世界都弯曲了

与世隔绝

虫子弯曲的身体在木头里发胖
它一旦冲出囚禁的真理
就会变成一头大象

我们的人生
何尝不是错误
你以为我们活在人世
其实我们与世隔绝

与世隔绝的不只是虫子
来到人世的不只是大象

生死两茫茫，天上人间
我初识虫子与大象

李栋

半边身体的人

失去半边身体的人
算是把命丢了一半在地上
需要人端水、端饭、清理褥疮
帮忙翻过半边的身子

如果是往年，麦子该浇水，果树该剪枝
该把一筐一筐土豆切开、拌种
埋到拖拉机犁好的沟渠里

失去半边身体的人
春风是刀子，一下一下割肉
春雨是炮烙之刑罚，烧得生疼
想想屋子凌乱，田野撂荒
心里是火，眼里是愤怒和绝望
外面的阳光多好啊
——仿佛隔着千山万水
永远到不了那里

失去半边身体的人
只剩下一半呼吸，一半说话
像从来只有半边大脑
一半的视觉和听觉
左就左了，右就右了，再不会有中庸之策
在半边的人间
大行其道

2020.3.4

34

疫情（徐进作品）

李笠

冠毒如是说

我来了。你戴上口罩，看见
蝙蝠，风筝似的飘逸的骨翼

看见呼叫是沉默的肺，你的
命：囚。到处是喘粗气的墙

我，上帝一把锋利的手术刀
切开你依俯的体系，并让你

躲入冰冷的隔离，重新察看
世界：殡仪馆就在口罩对面！

你可以捂住你眼睛。但死亡
掏出了底牌：人人都是病毒

我是你一忘再忘的本真，诗
揭示谎言，让静看见：无

相信死亡

——仿食指的《相信未来》

当玫瑰点燃长长的幽暗的雨巷
当鸟鸣带来宝石蓝的辽阔的天堂
我依然会紧紧追随自己的思想
用一根烧焦的树枝写下：相信死亡！

当良知被残暴的训诫化为沉默
当口号和颂圣伪造生活的梦想
我依然会用流亡者的慌乱脚步
在清晨的沙滩上写下：相信死亡！

我要用真话去捅破水泥的封杀
我要用勇气去推倒秦政的狱墙
在一座埋葬未来的小学废墟上
我要用苦涩的泪水叫喊：相信死亡！

朋友，我之所以如此相信死亡
是因为生活在二十一世纪的我
仍没有摆脱愚昧和奴性编织的
枷锁：听到国歌，血就热成药汤

是，无论自傲的摩天楼怎样林立
无论冷漠的夜空怎样被烟火点亮
无论屠夫与猪狗如何异梦同床
我都双手合十对天发誓：相信死亡！

相信死亡吧，朋友，面朝星光
看，强权与金钱掩盖了灾难的真相
病毒已成为人类为生存的恶战
玫瑰将吻着你的尸体呢喃：相信死亡！

李郁葱

犬吠

它听见了我们听不见的
突然的激动，甚至暴躁
像一块石头从高空坠入水面
它啊，像是撕开了黑暗
那不可知的声音，
那隐秘的颤栗，拨动了它的
哪一根神经？

出于本能的咆哮，恐惧
还是对陌生者的敌意
用压低了的嗓子它筑起一道墙
"不可逾越"。它警告
夜凉如水，无边无际
夜色拉我们从一个梦中
离开：在安静中听到你自己

趴在我的脚边，蜷伏于
漫长岁月里它血液中的温驯
然而那尖锐抵达它垂下的耳朵
在我们茫然无知时
它用低沉的呜咽告诉我们
有些事物一直都在，
我们不曾察觉，但它们

就在附近。如果忠诚于
这被驯服了的日子，全然
接受那抚摸的手，触到它皮毛下
轻轻的抽搐：在害怕什么？
当风和月光涌入敞开的门，
那么月光的阴影里
它发掘出完全不一样的自己

2019.11.12

林忠成

采石场是修辞大家

采石场是杰出修辞学家　擅长修锁
村里的旧窗框曾是它的前妻
窗框发芽　与门框暗结珠胎
在获博士学位前
它在重型机械厂修履带
把坚硬　充满质感的名词
从泥土中挖出

"请问你带回来明朝什么消息？"
有人在景山上吊　有人纵火
佳丽三千都被打入皇宫的士兵轮奸了

采石场是门深奥的天体力学
是一个男人忘掉创伤的最佳医院
采石场的玄思　博学
它独辟蹊径的暗器
让前来挑战的侠客不战而降

它不出招　只顾埋头绣锁
它不说话　与悬崖订有契约
做足三十年哑巴
就可继承悬崖的全部遗产
采石场要修改密码
它的七副肠肚被女人牵往四面八方

陆渔

雪茄

雪茄被你点燃
她就是你的人了

前段雪茄向你谄媚
中段雪茄朝你鞠躬
末段雪茄为你殉情

说好的同归于烬
你却总是苟且偷生

2019.8.7

隔离

语言隔离了人民
历史隔离了国家

宠物隔离了动物
狗熊隔离了英雄

句号隔离了问号
训诫隔离了谣言

鸡汤隔离了愤怒
鸡血隔离了无奈

暂停键隔离了春
防火墙隔离了风

最后连隔
也离了

2020.2.29

吕德安

方式

在我尚未露面与你相会
你会看到篱墙上的烟
忽东忽西隐匿在
自己的欢乐里

亲爱的，这也是风
正在借助一根琴弦
谛听自身之外的声音
再让时间绷得紧紧

这也是光适时地
透过窗帘的轻拂
所能赐予我们的
一日之爱的方式

回忆

我半躺着,床旁镜子里站着一个女人
她高过镜子一倍,只看得见她的
腰,和一半的乳房

她很美,美过镜子里的天空
美得令人窒息
那腰以及那一半的乳房

就这样占据了整个镜子
而我半躺着
仿佛生活在水底

她真是太美,从未显露全部
如果她低下身看自己
乌亮的头发,悄无声息地再看看我

我就会死亡,或起身叹息,
像先人留在坟墓里的
一把梳子

吕贵品

无非

我被"无"否定一次
接着又被"非"否定一次
这时我才真正知道我是什么

"无非"这两个镜片
制作了一个奇妙的眼镜
戴上它 可以看到纷纭中的血迹
可以在血管的迷城里
找到出口

放眼望去
再高的山无非一块石头
再浩瀚的水无非一杯茶
回首一看
再大的国家无非一桌小菜
再伟大的人物无非一团肉

我被"无非"否定之否定
之后 无论我如何得意和沮丧
我被认定
我只是一口气

两眼一闭"无非"不见了
那口气化作灵魂遗留一首小诗
人啊！活着是：无
死去是：非

2020 年 4 月 11 日透析夜

麦城

二月颂

这个被盆景删节过的春天
一直单身
既不上街兑换谣言
也不在网上申购真相
每天，舀镜子里的水
灌溉自己的成长
用鸡蛋煎日出和日落
在梦里受到诱惑
但拒绝向恐惧移民

此时，远处无差别的哨声
把窗外的天空
吹聋了

2020.3.19

47

乌鸦，黑暗时代的一个铆钉

乌鸦蜷缩在一起
像一颗黑色的手雷
是拉响预言
还是引爆黑暗

盘旋于上空
审计枝头上的景色支出
俯冲而降
像黑暗的一个拓片
正面拓吉祥
反面拓凶兆

尽管私藏黑
却绝不涉黑

2020.3.20

祁国

史诗：摸着石头过河

摸着石头过河
摸了半天
河里没有石头
忙从外地运来一块石头

摸完这块石头
又运来一块石头
摸完那块石头
又运来一块石头

这块石头摸完了
再回手摸
重复摸
恋恋不舍地摸

那块石头摸完了
再回手摸
重复摸
恋恋不舍地摸

就这样
石头越摸越多
变成了一心摸石头
忘记了过河

石头渐渐填满了河道
河道被垒成了一道山脉
山下的人
仍排着长队背着石头上山

山顶上的人
则闭着眼睛
照旧像在河里一样
摸着石头

山被摸得越来越高了
越来越高了
山下的人上不来了
很多石头累死在了山腰

石头也终于被折腾够了
突然一轰而散
山说垮就垮了
人们面前又出现了一条河

诗人们应该是这个样子的

早上 9 点上班
傍晚 5 点下班
做 5 休 2
女诗人还享有天然的产假

上班时每个人一张办公桌
桌上堆满了各个村子的诗歌通讯
和每一天的写作主题批文
墙上贴着本村诗歌准则修补案
和大大小小各等诗人职称考核进度表
电脑里安装了统一的诗歌抄袭软件
和盗版的斗地主小游戏
书橱里挤满了历代上司的诗集、诗论集
和各种各样的奖状、奖杯、大红花

大家一边小心翼翼地磨蹭着诗
一边算计着工资、奖金、补贴、福利和外块
为了和各门各派的同事处理好关系
每撞见一次都要开一回碰头会
每对上一次眼都要开一场表彰大会
为了写出一样好的诗
大家不得不写出一模一样的诗

下了班谁也不愿意谈论诗
好像根本就没有诗这种东西
也有不小心谈到诗的
最后总是破口大骂

不欢而散
第二天钟点一到
大家又像什么事也没发生过一样
一个比一个更像模范诗人
准时到达自己的战斗岗位

祁连山

感受一下

到一座城市
我总是先去这座城市
最好的大学
我只是在里面转一圈
当一会这里面的学生
再看一会
再坐一会
走出去
就毕业

2019.02.22

画是多余的

不画画这件事
丝毫不耽搁
我是位杰出的画家

就像我放弃竞选总统
也完全不会影响我
领导世界人民
奔向美好生活的心情

2018.07.2

邱辛晔

清明

病毒有其自己的社交距离
在拥挤中制造一个筛子
过滤人群中的弱者

病毒带动死亡的频率
数字被烧成灰烬
并把清明归入王冠之下

生者和墓碑的距离
第一次比石碑更薄
但青草继续与黄泉保持六尺

2020.4.3；4.5 修改

脚步

步行跨进手机
加法链接了心脏动脉
即使倒著走
也在为健康支付增值税

但被软件监视的步行
缺乏把数字编成经历的才华
也无法辨别手机上
每一步的目标和方向
是走上红地毯还是在工地搬砖
是旅途或亡命的绝路

不过手机迟早会发现
历史的两脚
只在跑步器的原地上
留下打磨血汗的脚印
它的步伐一如钟摆
还没跨过文明的第一道栏

2019.10.25-29

瑞萧

闻香

长期缺乏训练
又患鼻炎
我实在嗅不出
来自普罗旺斯的薰衣草
和崇明岛种植的任何一种野花
的区别

只好一左一右
将它们放在枕边
然后
像一条平静的河流
躺下去
把普罗旺斯和崇明岛分开

幸福

敲敲门
里面没有动静
用力推
纹丝不动
钥匙也打不开
原来
幸福是要向外拉开的

山哥

閑居有感

今天的義憤填膺
一定成為明天的笑料
尷尬的人生
就是不斷地被人當槍使

熱血一腔
卻是狗血劇一場
搬開垃圾落得個漫天飛舞
這勇敢其實荒唐

一波一波的操作
他們樂此不疲
他們是誰
誰從中受益就是誰

時鐘嘀嗒嘀嗒
知更鳥鬥不過藍松鴉
操鍵盤不如後院看鳥飛去飛來
看梧桐葉飄起落下

2020.4.

沈浩波

我妈的日常

我妈今天非常愤怒
因为她读了一则假新闻

我妈今天非常高兴
因为她读了一则假新闻

我妈今天咬牙切齿
因为她读了一则假新闻

我妈今天眼含热泪
因为她读了一则假新闻

2020.6.5

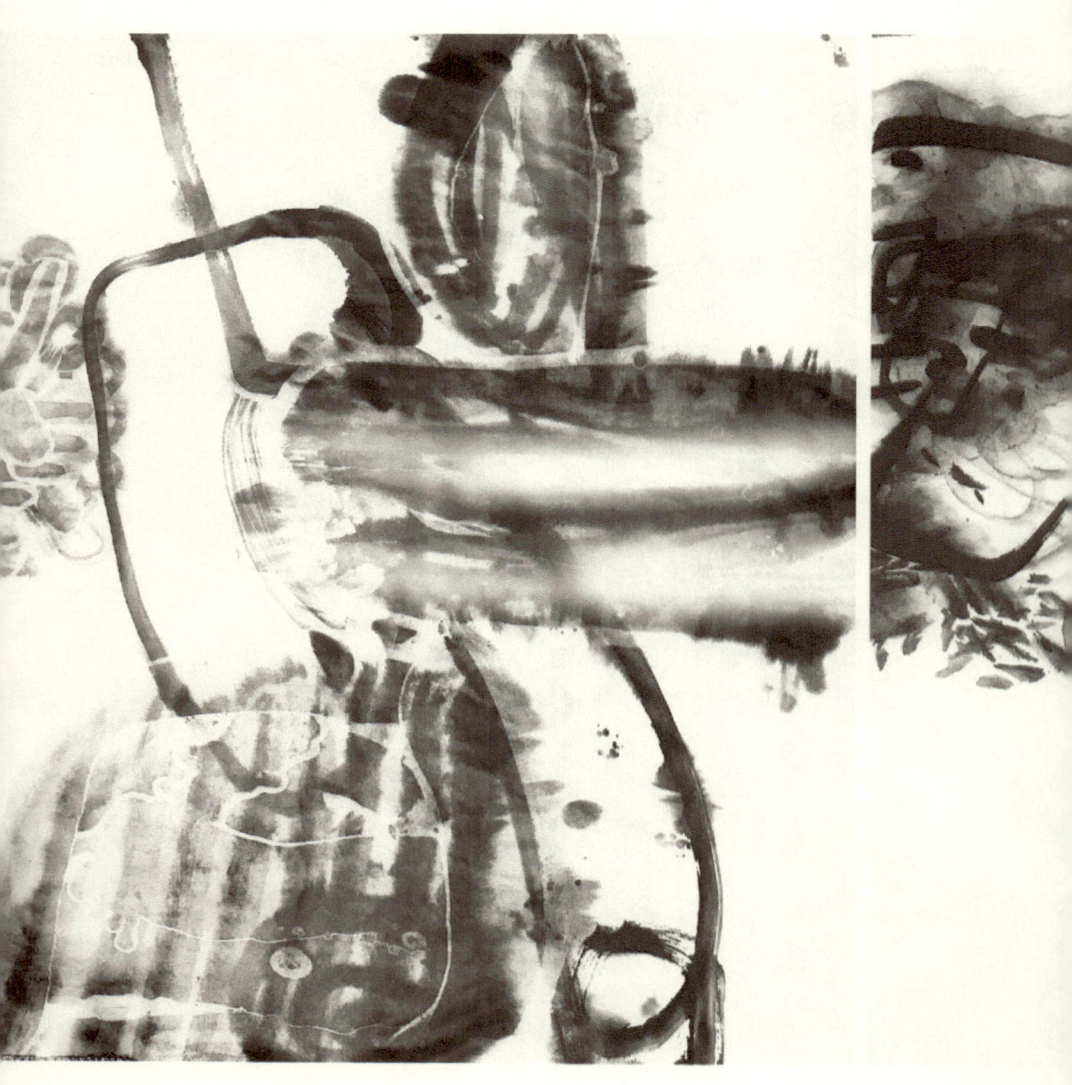

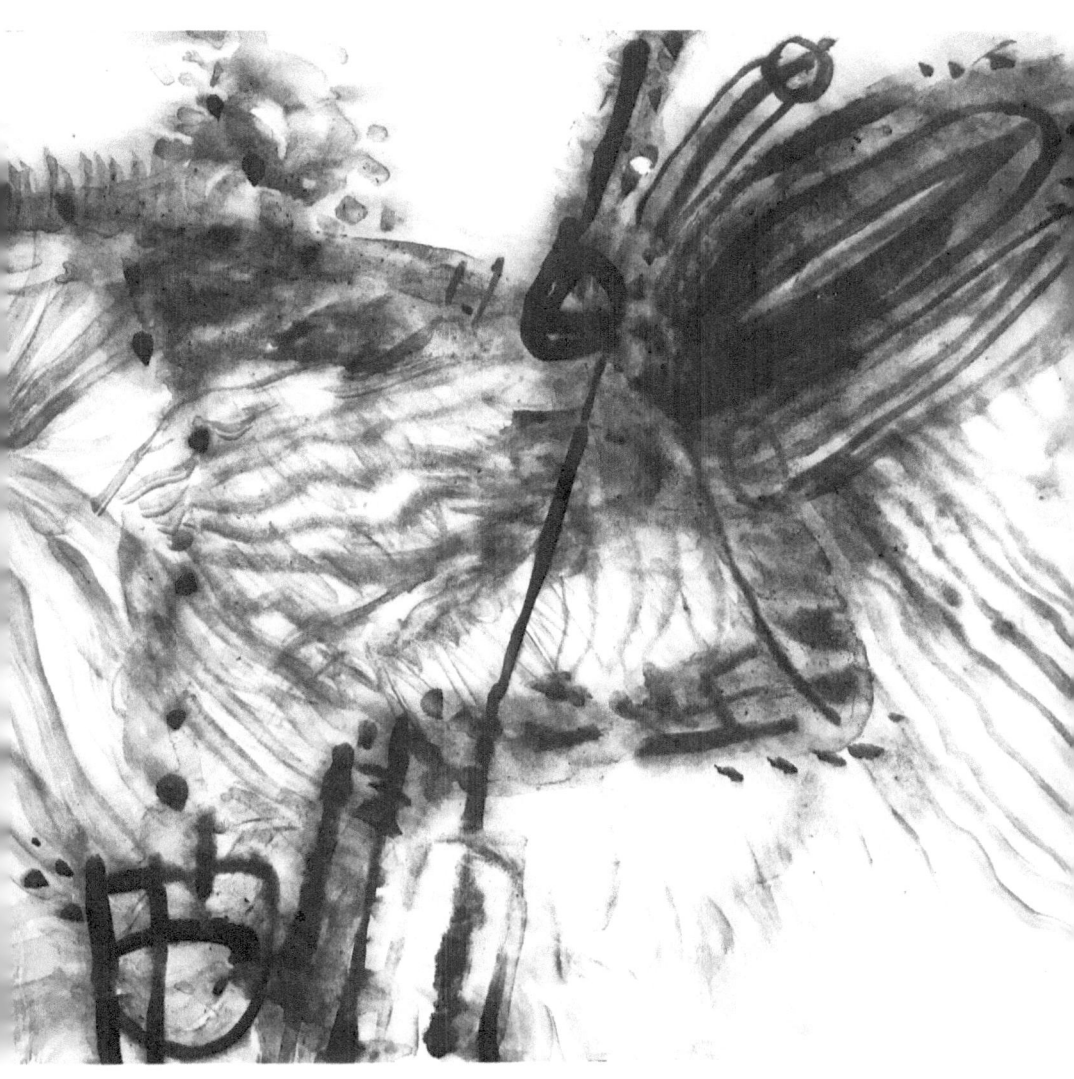

无题（刘悦作品）

苏拉

诗

诗人与他没人读的诗
睡在一起
像大海抱着一艘船
在蓝色里沉迷
白天炽烈的太阳已经退去
他们躺在清凉的月光中
微微摇动

企鹅

圣诞老人
是孤独的，在这个
网购的年代，当他飞过
故乡，黝暗的博斯普鲁斯海峡
无数蓝色荧光水母漂浮在海岸线
井里的星星一样明亮，将永恒化作时间
1931年，可乐公司把他的驯鹿车刷成红色
并赞助了他旅程所有饮料，他喜欢小孩吗？
也许吧，他想起，在他没去过的南极冰面上，
一排企鹅，拖着胖胖的身子，学习起飞，还有
什么更寂寞的呢
一个老年的
无法退休
的快递员

唐妙琴

站在春天的大街上

一颗尘土
为何如此疼痛
悲伤得撼动天地
朝着阳光抬起一脸无辜
没有台词的龙套
也属于那唯一的剧本
驱逐一千个报废的自己
为何留下一只狗和一棵树
那些年流过的泪水
可曾洗去什么
人群中默默保持距离
每一个新鲜又飘渺的春天里
谁爱过你
和我的灵魂
陪着谁
流完那一次的泪
曾经美丽的外衣
被虫子咬了又咬
曾经柔软的身体
在微风里飘荡
那一刻不曾绝望
永远有希望
那一刻没有希望
就永远绝望

王家新

二月

"二月。墨水足够用来痛哭。"
帕斯捷尔纳克的这句诗,
这几天不断被人引用;
它本来是一句关于幸福的诗,
却流传在一个不幸的年代。

铁一样的夜。
(似乎有人在摸黑下楼。)
而我睁眼躺在床上,如同躺在
黑暗船舱的一个铺位上。
我听着身边妻子平稳的鼾声,
好像就是它,
在推动着这只船
在茫茫黑夜里移动……

2020.2.13

李医生走了多日以后

李医生走了多日以后
他微博下面的评论区至今还在更新：
——早上好啊，李医生
——晚安，李医生
——你真的去拯救地球了吗，它能拯救吗
——李医生，北京又下雪了
——我已隔离八年了，岁月真他妈静好啊
——救护车好像也安上了消音器哦
——从明天起，我要跑到世界上最高最高的山上
　　去骂人
——嗯，石头也快开花了
——老李，早点回来，要早点回来啊

李医生走了，永远走了
他微博下面的评论区至今还在更新
像是绝望门诊前每天每天排起的长队

2020.2.27

王小妮

上梯子

这才是传说中的高高在上
任何飞行器
都没有一架梯子恰当
第一次站上这么高
看到这么远
一凌空
所有事物都变了
这会儿的世界都是没见过的
我的花坛像个童声合唱团
秋天的风有点急
一群饿得撞树的长颈鹿
装修工留下梯子让人登高望远
哪儿是黑的
哪儿很白
现在没有不明白了

2020.1

早雾

迎面过来最大份的棉花糖
一下子被它吞掉
被迫变成甜的一部分
什么都看不见了
只剩下心还用力往外顶
早料到有这天
推门就会遇大雾
青豆的新芽和鲮鱼的眼珠
知道你们都很近
在这世间
我至少藏过一百种利器
可最先赶到的
是距离最远的太阳
那亮光打在脸上
居然和从前一模一样

2020.1

王渝

不一样的春天

春天的美让人喜欢
喜欢的很笃定
春天的明亮令人目眩
目眩到神驰

窗里被囚于社交距离的我
陷身沙发
置身虚拟世界
离离草原繁花似锦

摘花的手指
触摸时感觉消失
芬芳徘徊记忆里
踏青的步履浮悬

连寂寞都陌生了
我不想看窗外的春天
甘愿只拥有安静
一片猜不透的安静

2020.4.5

文蓉

家

一座房子
屋外有深深的庭院
我爱它古朴，常常打量
并确定它真是一个能装的袋子

它装进新买的沙发，一卡车沙子和水泥
它装下初夏的半亩铃兰，
四季迁徙的候鸟

当夕阳从院子里落下去的时候
袋子里又装下一颗幸福的果实

它装满笑声也装满泪水
夜深人静的时候，松懈的袋口
泄露了月光

果壳

我们坐在起风的阳台
有很多次，风试图把你带走
我伸手一再挽留

你问我在挽留什么
至少这样的一个时辰
我们自然而然地虚度

我爱得笨拙，对万物如此
你有一种剥离的声音和
指间滑落的自由
我愈加珍惜

一株植物在我们身旁
静静地开自己的花

被放在手心的
是我的空壳

谢炯

空

镜中的脸
正慢慢地变色

我内心的空墙壁
除了空·除了白　已经无法容下
任何繁复的颜色

我看到所有的颜色
都涌出来占据着镜子
并造出另一个飞鸟已过的天空

2019.10.04

严 力

非科学快乐

经过多年社会程序的调整
我基本上能用同一个头
仰望星空或低垂于日常了
我还知道
酸痛成疾的椅背不一定
正巧摆放在可靠的体制里
秉持怀疑论的我
总是垂青不知何为陡峭的浪漫心态
但我不怀疑优雅的动作
游荡在更轻盈的自然里面
在互联网诞生很久以前
它就沉浸于蜻蜓的倒影
在湖面键盘上敲打着
非科学的快乐

2019.3

咏叹调

轰炸与污染
令蓝天往高处不断地飞
顺手带走了有体温的想象力
以及和平这个词
高处不胜寒啊
感叹声四起
被带走的东西里
幸亏还没有人

有一种爱不分阴阳
它关怀的东西
也没有国的内外之分
可惜被砸实的已经台阶分明
由狩猎规则筛选的种族细胞
早就占领了基因高地
以及高地上培育出来的
不分理念只相信命中的子弹

于是
等级之分用版权制
让某些人享受着
人与人类分家的专利

2019.5

杨皓

柯伟德拾玖（Covid-19）

你是地球的吹哨者
是神的杰作
你既是人类的尅星
又是人类的拯救者
你中止了地球人
通往极乐世界的旅程
让证明身体极限的竞技
变得愚不可及
你把我们关进笼子
让我们闭门思过

你呼吁我们
把制造二氧化碳的速度
减缓下来
把水泥还给石灰石
把钢铁还给铁矿砂
把石油还给沉积岩
把玻璃还给氧化硅
你让城市的高楼
少盖一点
你让市民尽量减少娱乐
你让我们发现
许多出行和交际
低效而愚蠢

你让飞机好好休息一下
你让车辆放个长假
你让儿童产生危机意识
你让未来提前
系上了安全带

你让我们真切地
感到害怕
你让死亡跟我们
跳舞
你让我们不得不
重视洗手
你让我们无法
畅快地呼吸
你让我们不再
纵欲无度
让我们尽量低消费
让我们保持社交距离
让我们习惯
孤独

你是地球的吹哨者
你的哨声
我们听到了
听的心惊肉跳
但还是有许多人
不以为然
以为你只是
在跟人类开个玩笑
我知道如果我们
没有真正把哨声听进去

你一定还会
一遍又一遍
回来折磨我们
只到我们完全
顺服

柯伟德拾玖
我知道你是来真格的
我佩服你伟大的魔力
你终于让我们
安静了下来
让我们看见了
地球的危机
让我们不得不
抑制贪欲
让我们在苦寻
拯救的方式！

疫情（徐进作品）

社交疏离

各路的冤亲债主
停在马路中间观望
杨枝轻洒甘露
把时钟的针摆
焊结在历史的某一刻

一生风流
到头来才发现
找到的最好性伴侣
是自己

握手
已经成为最奢求的礼仪
我们只能从手机屏幕上
感受对方的饥渴

伟大的城门已经关闭
虽然我们看不清
城门的底色

就这样在城里的
某一间屋子里待着
我们从我们的躯体里
重新出发
我们意外地发现了
一段百感交集的里程
好象重又回到了母亲的子宫

既冰凉又温暖

一切都改变了
那纵情声色的时代
已经成为过去
我们不得不适应
彼此之间保持距离

我无法再歌唱带电的肉体！

2020.3 纽约

叶德庆

判了死刑的汉字

忽然发现
有的汉字被判了死刑
有的组词被判了死刑
一个汉字
两个汉字
三个字的名字
一篇文章
一本书
在一起
都有可能被判处死刑
我写汉字的时候
是不是在写一份
关于汉字的死亡判决书

伊沙

写作

写小说
如造屋
造一座千疮百孔的破屋子
漏进来风霜雨雪
飘进来滚滚红尘

鸟鸣

1.
人世间最难定位的声音
远在林中
近在心间

2.
晨起
我伸脚找不着的
另一只拖鞋
在树梢

灾难史

母亲离去之后的
23 年来
有那么两三次
当人类遇到大灾时
父亲总是说：
"你妈就是活着
也挺不过去……"
这一次
在比先前
更深重的灾难中
父亲却没有说

2020.4

鱼鸣

如果

如果　喷嚏有颜色
彩妆下粉饰的触角
迷人的皇冠，
也许是人造文明的淫威
死亡之门的钥匙

如果　手纸加盟了口罩
对峙于上下的荒诞
千年历史，万人骨灰
继续絮叨庚子年的故事

如果　声音走直线
背过身子就听不见谎言的甜蜜和
忠言的苦涩
听不见　潇潇的哨音与
雷鸣的颂歌

上帝说视线可绕着弯走
白天的玫瑰就不需在阴里躲藏
夜晚的森林不可能在暗里长大
拉紧的窗帘也关不住满屋的阳光
裸体与裸官晒着自己的一目了然

上帝造两个眼睛是多余的
如果　香与臭颠倒
蛆更享受舌尖上的餐饮
锈铁锤将邻居的棺木敲到了天边
卷刃的镰刀在倒下的鲜花群里，
背诵着精卫填海的语录
镰刀，锤子，布的游戏，红色高高飘扬
如果　没有被自杀
自杀不会纠缠它的结果
如果　没有死亡
生命一定孤单

如果　记忆不只是为了选择体面
如果　诗人不只吟唱雪月风花
如果季节不只是为了重复忘记的过去
如果　灾难不再被利用

如果　如果根本就没有如果
那会　是什么样的如果

2020.04.05

张春华

我喜欢咆哮几声

从我的世界　走向
外面的世界
要经过多个街角组合成的墙

为检查我的嗓音有无火药味
也为证明长眠在肉身里的灵魂已出逃
我喜欢　咆哮几声

我深知咆哮的结果　比如虎
比如狼　比如一路尖叫被雷暴
轮奸过的每一寸沸腾的泥土

给大脑装上抽屉

罪恶　在光天化日之下
吸食我残缺的细胞
刽子手正堵在三层立交桥上
时光暗下来的速度
远比都市糜烂的速度快
我看到具具活的皮囊破灭
留下许多自杀或他杀的痕迹
也知道地下水直接与血水相通

我要在失去所有的证言前
给大脑装上抽屉　哪怕
真相紧锁　秘密永不见天日
也要将阴谋分门别类
即使陈尸一万年　我
所有的抽屉里都会整齐地存放
每一位行凶者　行凶的过程

张耳

开工

嘴是空的
很像我们熟知的果实。掏出
你的那杆冲锋枪
西红柿青椒，长杆横扫
短棒痛快。旧世界
打个落花流水，一直流往
腊月，正月，二月
在冬天的阳光下

蒸发。人间
月与夜
鲸鱼们各自私下
娇嫩地交换身体。男人女人
都长出未来世界的卷曲
命运有了。左边的左
在右手了。外边对外讲
干脆从屏幕上滑下去
像楼上坠下成熟的果实

去交换儿女的
前途。哪有那么简单
你不屑地瞥了我一眼，张老板
蟑老板夜幕下面
匆匆作业。不能

见人的空隙却拼命伸手
抱走了所有月光
而暗中最终的海，也许
就是最初的巍峨
塔楼看不见顶。职工宿舍里

贱货陪着贱货，大家伙
一拥而上，痛快像电影里或
像微博上发誓的初衷。突突突
短棒长杆水果刀西红柿冲锋枪
突——突——突——

虚晃一病理活检
深喉擦片，左侧
右派起跳，右侧
病毒研究者鱼跃坠楼
土改，肃反，文革，双规
大家伙赶紧跟上走，往前
走，别犹豫
中了，命中了，他就栽下去。

微波背景里面超级空洞
其至冷点，让我们上呼吸机
让我们糊里糊涂
出去走走。也的确可以让我们
忘记自己其实能够选择
半途更换电池的命运。

而
氧气，只剩最后一口
也是空的。

召含

一些与这个春天有关的

花儿绽放
等待签字的信笺
怕打扰　被打扰
邂逅的春天
在案头　街巷
被头顶皇冠的家伙诬陷
随意剥夺人民——
喘息的权利
握手的权利
拥抱的权利
健康的权利
生存的权利

春时拉长
耐心发酵
迈步四月
冬已转身
春遮住口鼻
一再睁大
望向夏的眼睛

能否借来传说的神瓶
将所有
嘈杂警鸣哭泣与死亡
尽数摁入
再点燃一盏
长明的灯火

2020.4.3

诗歌翻译

共同体-局部（钟飚作品）

今生

衣米一 / 李以亮译

我需要一间房子
来证明我是有家可归的。
我需要一个丈夫
来证明我并不孤独。

我需要受孕、分娩、养孩子
来证明我的性别没有被篡改。
我需要一些证件
红皮的、绿皮的和没有封皮的
来证明我是合法的。

我需要一些日子
来证明我是在世者，而不是离世者。
我需要一些痛苦，让我睡去后
能够再次醒过来。

我需要着。我不能确定，我爱这一切
我能确定的是
我爱的远远少于我需要的
就比如，在房子、丈夫、孩子、证件、日子和痛苦中
我能确定爱的，仅仅是孩子。

还有一种爱，在需要之外远远地亮着
只有我知道，它的存在
我并不说出
爱被捂住了嘴巴
爱最后窒息在爱里。

This Life

/Yi Miyi

I need a house to prove to myself
That I have a home to return.
I need a husband
to prove that I am not alone.

I need to conceive, deliver and nurse a child
to prove my gender unaltered.
I need some certificates with red or green cover
or without a cover
to prove my legitimacy.

I need some days to prove
I am still alive, not having passed away.
I need some pains that wake me up again
after I fall asleep.

I am needing, uncertain
if I love them all. What I can be sure
is what I love is far less than what I need

for example, among the house, husband, child, certificates, days and pains
what I love for sure, is only my child.

There is another sort of love, shimmering in a distance
beyond need. Only I know of its existence
but I won't speak it.
Love is muffled.
Love is finally stifled in love.

Translated by Li Yiliang

黑

衣米一 / 张耳 李玉然译

把黑穿成一种风格
或者练就一种表情
都是幸福的事
我乐此不惫地做着这个游戏
在一堆黑里组装拆零再组装
安娜一个，嘉宝一个
还有一些陌生的女人
她们乖乖地在衣橱里排队
收腹挺胸，窃窃私语
执意一生都保持完美的姿势
有时，我甚至把黑当成一种宗教
在凌晨三点，沐浴，更衣
然后深深地埋进睡眠
黑抱着我，我抱着黑，不松手

Black
/Yi Miyi

Wear black into a style
Or drill it into a look
All are happy events
I never tire of this game

A heap of black, I break it apart, then reassemble

An Anna Karenina, then a Greta Garbo

And other strange characters

They obediently line up inside the closet

Suck in the belly and stick out the chest, chatting quietly

Insistent on keeping perfect posture their whole life

At times, I even consider black a kind of religion

Get up at three o'clock in the morning, shower and change

Then burrow deeply into sleep

Black embraces me, I embrace black

Hold tight, do not let go

Translated by Zhang Er and Cleo Li-Schwartz

星期三的珍珠船

里所 / 张晴译

当秋天进入恒定的时序
我就开始敲敲打打
着手研磨智慧的药剂
苦得还不够, 我想
只是偶尔反刍那些粘稠的记忆
就足以沉默
要一声不出地吞下鱼骨
要消化那块锈蚀的铁
我想着这一生
最好只在一座桥上结网
不停地画线
再指挥它们构建命运的几何
我必定会在某一个星期三
等到一艘装满珍珠的船来

A Pearl Ship on Wednesday
/Li Suo

When autumn enters the constant hour
I begin to crush and grind
out the recipe for knowledge
not bitter enough, I think
these viscous memories chewed once

in a while should suffice

my silences. I have to

swallow a fishbone, soundless

I have to stomach

that bit of rusted iron

I think it best this life

be spent on spinning web and

drawing endless radians on a bridge

so as to form that geometry

called fortune

on a Wednesday, when I will see

a ship arrive, brimful of pearls

Translated by Henry Zhang

居家隔离，我想到奥菲莉娅[1]之死

伊丽莎·冈萨雷斯 / 鸿影译

我一早醒来就烦恼，我吃燕麦片拌百里香蜂蜜，
我打电话给妹妹，打电话给妈妈，我打电话给其他弟弟妹妹，
我为发烧的爱人担心，我为兄弟姊妹担心，他们工作没了。
我在电子邮件里乱写，我不会在推特上轻率乱贴。

我独处因而孤独。妹妹这么说。

此时该在屋里呆着，医生说，医生们全都这么说，
可敞开的窗泄露，并非所有人的声音都在独居里消亡。
闭嘴，闭嘴！窗子怦然关上。
此时该享受无聊的好处，幸福重来的代价，在之后。

窗外有人在为未来的幸存者挖土，那些富人们
那里会建起一座公寓楼，玻璃幕墙更让人妒嫉。

---

[1] 奥菲莉娅是莎士比亚戏剧《哈姆雷特》中的人物，丹麦王子哈姆雷特本有
可能娶她为妻，后精神失常，溺水而亡。

我看见他们搭好了框架，空洞的四周某天会装上门。
资本主义！满是空洞和希望。

当我想起孩提时代，日子如葛藤般
生长，感觉像涂满白漆房间里的凝滞，一天又一天
父亲把我关住——
当我一想起，眼前会出现天花板，水渍沿壁流下
像是棕色前拉斐尔风格的卷发，芦苇中溺水女孩的头发，
后来我认出了那发卷，是一副画里脸色惨白溺水的奥菲莉娅。

我喜欢独处，我跟妹妹说。你只是希望喜欢，她说。

我承认我想要回到昔日。
玉兰花在拥挤的街旁绽放，美丽中一切安全，因为我
依然爱这个世界，尽管它
如同那女孩一般溺水而亡，本可不必。

一位教授曾问我们，得意于我们无人知晓，
奥菲莉娅的死到底该谁负责？
答案，他说该是我们一同到达
摩天大楼顶端的感觉，那上面非人类的
视野展示窗口里和街道上
微小，患病或者可能患病的躯体
——一个个都是成堆问题新的排列。

唯一的领悟是思考绝不会就此而止。

"一同"。我喜欢出自教授嘴里的这个词。

可假如我独处，假如我孤独，假如我并非独自一人孤独，且假如每个人

一同受难，假如这每个人因为物质无序的活动受难而死，假如也因懦弱、心存杀意者的举动而死，为钱财而死，又假如当然你总会有一死，奥菲莉娅，即便如此你的死仍无法原谅，

那我该问怎样的问题？除了失眠和愤怒，

而那并非答案，连想法都算不上，尽管思想可能直到生命终结才终结，

甚至那时都未必，因为我想象它将超越我的终结，那真的——我能留下怎样更得体的幽灵？既然我的确爱这个世界。

（英文版原诗刊于 The New Yorker 《纽约客》2020 年 5 月 25 期，经作者授权翻译。）

In Quarantine, I Reflect on the Death of Ophelia
By Elisa Gonzalez

I wake early and angry, I eat oatmeal with thyme honey,
I call my sister, I call my mother, I call my other sisters, my brothers,
I worry about my feverish lover, I worry about my siblings, jobless now.
I send an ill-advised e-mail, I don't send an ill-advised tweet.

I'm alone so I'm lonely. That's what my sister says.

Time to stay indoors, the doctor says, all the doctors say,
but the open window betrays that not everyone's voice dies to solitude.

Shut up, shut up! the window slams.
Time to embrace the virtues of boredom, the price of happiness again, after.

The window shows men digging a place for survivors of the future, the rich ones.
It will be a condo tower, glass walls for better envy.
They've built the frames, I see, around the holes where doors will someday go.
Capitalism! So full of holes and hope.

If I try to remember what it was like, childhood, a period of kudzu
growth that *felt* like stasis in the white-glazed room where days upon days my father shut
me—
if I try, I see the ceiling, that water stain trailing down
like brown Pre-Raphaelite curls, hair of a drowning girl among reeds,
which later I recognized in a painting of a pale drowning Ophelia.

I love alone, I tell my sister. She says, You just want to.

I agree I want the past.
For a magnolia to bloom on a crowded street, all safe in beauty, for I
still love the world, though it drowns
and dies like that girl, avoidably.

A professor once asked, pleased we wouldn't know,
Who is really responsible for the death of Ophelia?
The answer, he said, ought to feel like we have arrived together
at a skyscraper's peak, where the inhuman
view reveals in windows and in streets
the small, sick or potentially sick bodies—each one a new array of questions.

The only possible epiphany is that the ending of a thought is never such.

Together. I liked the word in the professor's mouth.
But if I am alone, and if I am lonely, and if I am not alone in loneliness, and if the everyone
together suffers, and if this everyone suffers and dies by the unguided motion of matter,
and if
also by the motion of craven, murderous men, and if also by the motion of money, and if
of course
you were always going to die, Ophelia, and if even so your death remains unforgivable,
then what are the questions I should ask? All I have is sleeplessness and rage,
and that's no answer, it's not even a thought, though it might not end till my body does,

perhaps not even then, as I can imagine it going on past my ending, and really—
what more suitable ghost could I leave behind? Since I do love the world.

(Originally published in The New Yorker, May 25 issue; reprinted by permission of the poet.)

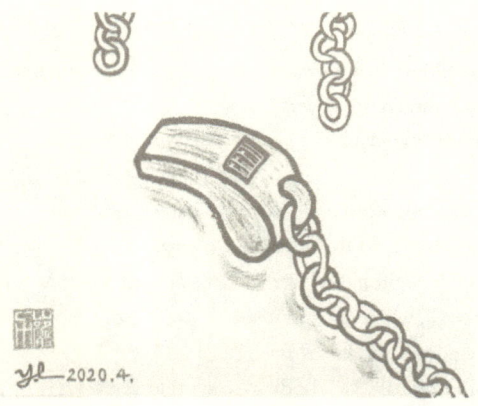

散文随笔

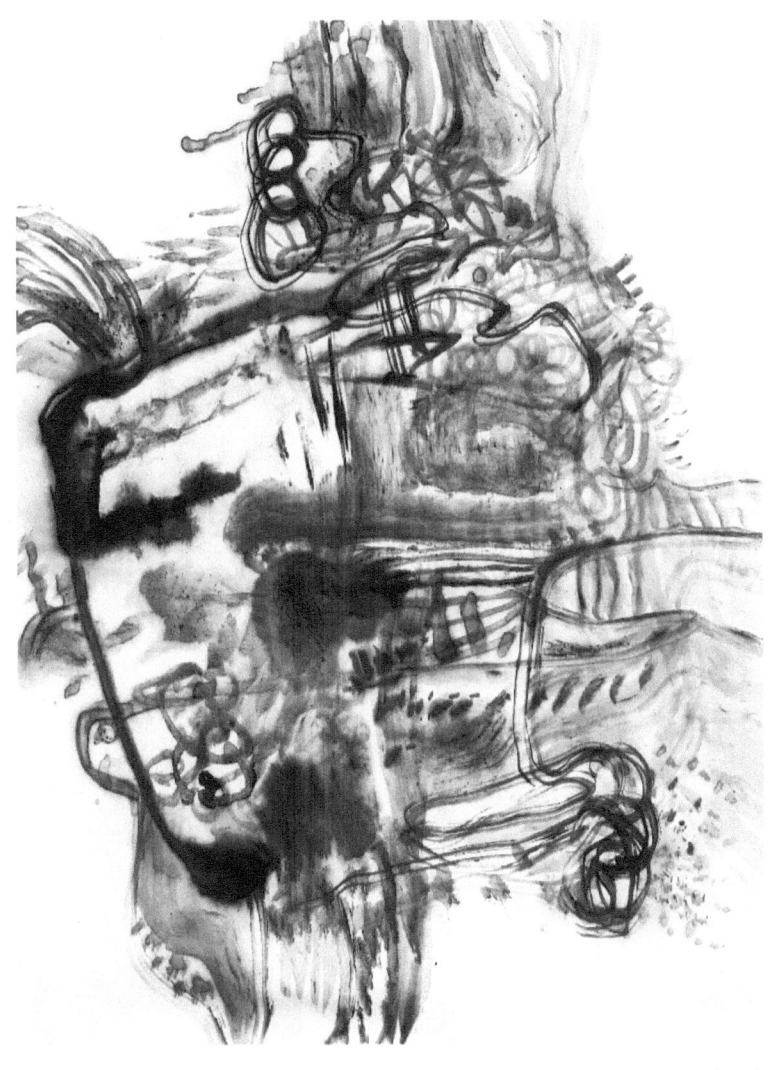

无题（刘悦作品）

诗人角
——贺《纽约一行》复刊

王鼎钧 (一)

我在台北居住的时候，每年暑假都有文艺夏令营。有一年借新竹清华大学校园举行，诗人痖弦主持，凤兮和我担任驻营讲座。痖弦把大礼堂的四面墙壁布置成看板，供文艺营的同学张贴新作，墙角贴诗，称为"诗角"，墙面贴散文，称为"散文墙"。

我曾以"诗角"为题对同学们讲话。为甚么叫诗"角"？这个角是诗人的视角，诗人对人生自然有独特的发现，借用李健吾剧本里的台词："诗人，他看见的，我们都看不见，我们看见的，他都看不见。"还有，诗人有独特的表现方式，我的老师说过，"诗有诗法，不恒等于文法"。诗园地就像两面墙的夹角一样，很纯粹，很集中，很小众。所以说诗如点，散文如线，小说如网。所以说诗如舞，散文如行，小说如奔。所以说诗如酒，散文如茶，小说如粥。

有人抱怨新诗难懂，诗本来就难懂，古典诗难道好懂？你读余光中，不能从星空看见希腊，你读杜甫，难道能从月亮看见长安？你读严力，奇怪他"喝着一杯一杯的诗，写下一首一首的酒，一边朗诵着酒，一边斟满杯子里的诗"，你读善慧大师，难道不奇怪他"空手把锄头，步行骑水牛，人在桥上过，桥流水不流"？你真懂

107

断无消息石榴红？你真懂万古云霄一羽毛？如此这般，你我搞不清楚甚么是"愤怒的葡萄"，也就无怪其然了。

我们不会忘记，当年文学革命，举出来的偶像是白居易老妪能解，主要论述是古今中外一切好诗都用白话写成，先驱者追求的原是"好懂"。后来诗人自己挺身作证，诗是语言中的金玉，诗是文学体裁中的贵族，诗的读者是文学人口中的选民，诗声有别于市声。诗路的这一迂回甩掉了许多人，我们不能等待诗退回来，只有自己赶上去。

时至今日，我们恐怕不能再说"所有的好诗到唐朝已经做完"。唐人知道箫声吹出怀乡病，不知道号兵吹出来的是血丝，琐呐吹出来的是火焰。唐人知道玉露凋伤枫树林，不知道叶子慢慢片片剥落，像凌迟。（张错）你了解凌迟，才了解这一句独步，枯枝如骷髅，庭园如刑场，两个字天下人剐骨椎心。走路要轻，地球会痛，（王建勋）地球没有神经，你有。地球大，也是牵发动体。修一条铁路要开多少隧道，修一座大楼要挖多深的地下室，我们都住在地球的伤口里。……

诗的疆域，新诗人犹在开拓。两条线形成的夹角，线延长，角的面积扩大。我们对他有期待，不能规范，他们的缺点、只有他们能改正，他们的成果、希望我们都能享有。一部文学史不是退化史，也不是进化史，而是流变史，善读诗者临流观变羡鱼。

程奇逢（二）

"诗人角"是个温润、令人神往的名字，在西敏寺大教堂这个被称为国家祭坛的地方，专门辟出一个地方，用来祭祀怀念这个国家120个诗人作家，这样的做法世界上只有英国有。

站在诗人角中，我青少年时的阅读记忆被点亮，油然而生的是一种温馨的崇敬之情，是对那些熟悉名字的又一次温习，包括他们思想的瑰宝和华贵的辞章。

1988 年我第一次访问伦敦，那时离"文革"结束过去不久，遭受十几年书籍文化的饥馑，七十年代末一批文学作品重新出版，新华书店出现半夜排队的景象，这现象昙花一现。在诗人角我看到《双城记》《雾都孤儿》作者狄更斯，《简·爱》作者夏洛蒂·勃朗特，《傲慢与偏见》作者简·奥斯丁的墓，还有莎士比亚、拜伦，雪莱的纪念碑。心情激动，象阳光里的风吹醒满山绿野。

诗人角熙熙众人、跫跫足音，与英国历代君王棺椁前的青灯缥缃、游人匆匆一顾，形成对比。游历过几次后，我不禁在想：诗人与国王谁更伟大？

这涉及如何认识伟大。中国历代君王陵寝，规模无不出奇的宏大。秦始皇的陵还未挖掘，其兵马俑就举世震惊，明十三陵，清东陵、西陵占地都是十几平方公里，李白、杜甫、苏轼、欧阳修的墓冢早已不存。秦皇、汉武，唐宗、宋祖被公认为伟人。我们称屈原、李白为伟大的诗人，我们心中有没有由衷地把他们当成一个伟人呢？

在西方，文学家、哲学家、科学家受到举国上下普遍尊敬。牛顿去世时，伏尔泰正好访问伦敦，看到牛顿葬礼上王室成员争相扶灵，民众夹道相送，他写道："如果伟大乃是来自上天赋予的了不起才能，并能用于启发自己与他人，那么像牛顿这种千载难逢的人就是伟人了。至于那些政治家与征服者，哪个世纪也不短少。"

马基雅维里写《论君主》，君主需要有狮子的力量与狐狸的狡猾，为了实现目标可以不择手段。亚里士多德与荣格写过《论诗人》，诗人是以他的精神深入生活的内核，向整个人类倾诉他的情感追求，赋予人类共鸣的音韵。诗人重要的是他们的创造和深刻的生命表达，他们关心自己的作品，胜于关心自己的命运。

诗人奥登曾说：诗歌是诗人用语言及其组成的形式对抗时间的一种方式。诗人生活在他的作品之中，特别是他们所创造的格律之中。他在《悼念叶芝》一诗中说："时间崇拜语言"。奥登与叶芝都葬在诗人角。

中国是个诗歌王国，有着悠久的诗歌传统，许多人心中也有个虚拟的诗人角，别的民族也是一样，而实实在在的诗人角，只有西敏寺这一个，仅此，就令人肃然起敬。

北京记忆

冰果

相对于追溯过往，我更喜欢随波逐流——顺着时间之河流淌的方向，作一个所谓"向前看"的懒人。偶然想起开心的片段，仿佛在宁静的河滩上发现闪光晶莹的卵石，顺手拾起，与君共赏，之后，再抛回河里，让它继续接受时光的冲刷。

（1）后孙公园胡同

小学二年级之前，我家住在北京宣武区后孙公园胡同的一个大院里。这里是我的北京记忆之起点。邻居们喜欢在房前种些花草：茉莉、喇叭花、凤仙等等。我和小伙伴们不懂怜香惜玉，常常在夏天傍晚溜近花丛掐几朵捣鼓捣鼓：戴在头发上、揉烂了涂指甲，再戴上塑料珠子串成的"首饰"，在院子里互相追逐疯跑，直到晚饭时间，被家长各自拎回屋，蔫了的小花被丢弃在院子的角落里，留给土墙上迟钝的蜗牛慢慢欣赏……

陶然亭离家很近。春天的时候，全家常常一起去踏青赏桃花。铝制饭盒里装上面包、榨菜等简单的午餐，再背上水壶和一架装胶卷的老式海鸥相机，开开心心地出发！那个时候，姥爷、姥姥不到六十岁，满头黑发。在我保留至今的一些陶然亭春游家庭照里，姥爷手提着老干部爆款黑色人造革手提包，姥姥手夹香烟，我吃着根儿一毛二的雪糕，大姨梳着两条麻花辫子，大家都笑眯眯的……物质水平和幸福感之间也许真的没有直接关联？

（2）茉莉

我从小仰慕茉莉。在美国居住的这些年里，每次在西人开的花圃闻到茉莉花香，我都要停下脚步，在花前凝视、默默问候，像重逢久别的朋友。

以前，四合院儿里有几家邻居喜欢在窗外摆几盆儿茉莉。初夏，清晨，阳光爬满了格子窗，窗前茉莉枝叶葱翠，叶间缀满小巧玲珑的雪白花朵，空气香甜新鲜。如果一位文艺青年身临此境，一定会从心头油然升起诗情画意……这时候，晨风送来早点铺子里飘出的豆浆、烧饼味儿，混着茉莉花香弥漫在空气里。各家各户纷纷走出屋门儿，在院子里的公共水池边接水、洗脸、刷牙、互道早安。再去早点铺子买几块儿油饼儿、火烧，一家老少吃完抹抹嘴儿，有工作的骑上自行车去上班，孩子们背上书包去上学。一时间，胡同口儿响起此起彼伏的自行车铃铛声、小孩儿的嬉闹声，新的一天脚踏实地、活活泼泼地开始了！院子里清净些了，老爷子们沏上壶茉莉花茶，把鸟笼子挂在自家门口儿房檐下，坐在马扎上，听听话匣子，或者找老哥儿几个下盘儿象棋……北京人的日子，曾经那么慢条斯理、有章有序。

（3）童话

我的文学启蒙从童话开始。那时候，姥爷被安排到人民文学出版社外文部工作，偶然带回家一些出版社淘汰的毛边书，儿童读物基本上就给了我，其中印象最深刻的是一本没有装订的《格林童话》：家里人用白棉线把书页缝在一起，找了一张深蓝色的光滑的厚纸做封面，没有封底，这本世界上独一无二的"半裸体"《格林童话》，被我翻得卷了角儿，后来封面也破烂了，搬了几次家后不知所终。

之后，我陆续得到更多的儿童读物，其中《普希金童话诗》因为有彩色插图，一度成为我的至爱。由于格外稀罕，阅读之余，我觉得应该郑重地做一些批注，就在一些令我感慨的段落旁歪歪扭扭地写了几个鬼画符，字是用钢笔写的，无法擦掉，一本比我年长很多的书就这样被活活糟蹋了。后来小舅舅揭发了我的"罪行"，痛骂我不爱惜书籍，我也悔恨之极，痛定思痛，从此戒了写批注的爱好。

上小学高年级的时候，一年夏天，获赠冰心奶奶翻译的《石榴女王》，外公特意替我这个小读者向她索取了亲笔签名。可惜我那时年纪小，不懂得珍惜，这位"女王"后来不知道流浪去了哪里……

（4）进阶版文学启蒙

随着认字的增多，我的阅读范围也拓展了些，甚至开始接触繁体字书籍。一年暑假，在书柜里发现一套郭沫若版的《浮士德》，竖版繁体，内有弗兰兹·斯泰封所绘插图，线条细腻、人物刻画生动，我被深深吸引，反复翻看。由于理解能力尚在开发阶段，繁体字又增加了阅读难度，读完了，感觉不知所云，除了"玛甘泪"这个苦命的姑娘，书里众多的人物我基本上捋不清楚，纯粹看图识字。

我的中国古典文学启蒙从《封神榜》开始。小学二年级，我家从宣武区搬到天坛附近。夏天晚饭后，家人喜欢沿着护城河畔散步消食儿，姥爷就开始给我讲故事。《封神榜》里的神奇段子我最爱听，印象最深的是土行孙、申公豹两位超级异能人士……晚风习习，河岸的垂柳枝条轻轻拂动……如果只有我们祖孙俩人散步，恰逢姥爷的烟瘾犯了，他就会利用这个时机抽一支烟，我会得到一支奶油雪糕作"封口费"，保证不向姥姥告密。

（5）苹果绿牛仔裤

八十年代初，姥爷获准出国进行学术交流。有次途径香港，买了一些儿童服装给我，其中有一条苹果绿的牛仔裤：布料是一种当时国内少见的光滑发亮的粗纤维，有两个"屁股兜儿"，后腰处有一块浅棕色的品牌标识，似乎是纯皮材质，口袋、裤脚、两侧用与裤子同色的粗线精致地匝了双线。我穿去上学的时候，小同学们十分羡慕，着实得意了一番。那时候，小孩子一般要等过新年才添新衣服，所以这条年中获得的苹果绿牛仔裤所带来的惊喜，深深印在记忆里。

（6）酸溜溜的小学

我在后孙公园小学上的一年级。学校坐落在一套传统的四合院里，建筑古色古香，格局端端正正。如今北京的四合院儿越来越稀罕，市价动辄过亿，从这个俗气的角度来说，我接受了一年超豪华、超高端的扫盲教育。

北京的冬天寒冷，那个时候暖气尚未普及，教室里用大炉子烧蜂窝煤取暖。流感季节，老师在每间教室的炉子上放盆醋，任其挥发，预防感冒。小同学们一边上课，一边吸着醋味儿，启蒙教育酸溜溜儿的，印象深刻。说来有意思，那时候，大部分北京市民到冬天都用蜂窝煤取暖，燃料并不环保，但是从来没有见过什么雾霾天儿。

虽然在后孙公园小学只读过一年级，老师敬业、负责的态度至今记忆犹新：开学没多久，就请过我家长两次。第一次是因为字写得太小，每个字只占了田字格的四分之一；被老师投诉后，我觉得很委屈——这么秀气的小字居然不懂欣赏，太不识货了，于是我把每一个字都写得大大的，像张牙舞爪的小野兽，跃跃欲试地冲出田字格的牢笼，结果又被请了第二次家长。

（7）昙花和琉璃厂

姥姥养了一棵几乎年年开的昙花，据说是当年大院儿老邻居赵奶奶送的。赵奶奶是经历过旧时代的女性，裹小脚儿。她的丈夫和另一位亲人在"三年自然灾害"中不幸去世，她熬下来了，还活得很健壮。这株昙花跟着我们一家人辗转搬迁了多次，至今生机勃勃，一开花，幽香扑鼻。有时候，花苞能结近十朵，颇有赵奶奶皮实、顽强的DNA。我小时候估计比较淘气，爬树上房，闲不住。长辈怕我祸害昙花骨朵儿，曾经吓唬我说：不能指、不能摸，不然花苞儿就不好意思了，然后就掉了。到今天，回京探亲适逢昙花要开，我都尽量保持仪态，不碰、不摸，很客气地欣赏。

据说后孙公园胡同的历史可以追溯到清初。附近的琉璃厂以经营古玩字画、文房四宝出名。以前常跟长辈在琉璃厂游逛，对古雅的物件儿统统没有兴趣，一看到卖糖葫芦、吹糖人儿的就满眼放光。

东、西琉璃厂之间有个厂甸儿。小时候，赶上厂甸儿办庙会，我也跟着家长去凑热闹，转一圈儿能尝到很多老北京的传统小吃。有一次，我很仔细地观察过煎锅贴儿师傅的手艺：一只大平锅（直径近一米），配一只特大号木头盖子；锅里先薄薄浇一层油，再把包好的锅贴沿着锅边，一只一只码成圈儿排好，锅里排满后，盖上盖儿煎一小儿会，稍微焦黄，加水，再盖上盖儿慢慢煎干……出锅的时候，焦底儿颜色金黄，满锅冒着热气儿，香喷喷的。今天回忆起来，仍然馋得直流哈喇子。

（8）老朋友

外公有几位发小级别的终生挚友，我印象最深刻的有罗洛、曾卓和邹荻帆三位爷爷。每次这些老朋友从外地来访，姥姥就会精心烹制拿手菜肴款待客人，我就大饱口福了：粉蒸丸子、粉蒸肉、炸藕夹、肉馅儿蛋饺、干豆角烧肉、莲藕排骨汤……如果天冷，再烫一壶加饭酒（绍兴黄酒的一种）。老友重逢，狭窄的居室飘荡着美酒佳肴的香味儿，充满了欢声笑语……我有时获得批准用筷子沾两滴酒尝尝——咽进喉咙辣辣的，流到胃里热热的，回忆起来暖暖的。

延绵人间四月天

濮莹

入了五月。院子里，让我心心念念的三棵樱树，终是"落花寄寄委青苔"，一幅嗟叹之景了。心有不甘之余，在阴雨绵绵的四月末梢，试图挽留她们的去意已决。

四邻街坊阒寂如斯，草木恣意吸吮着雨丝，几声鸟鸣叫让人从潮意恍惚中回过神来。年年盼花，赏花，惜花，叹花，年年岁岁相似，今年人人尤不同。人事在花香影疏里滤过，在历史光隙中沉淀发酵。樱花的韶华易逝，在此背景中越发揪心。似乎竭力延长花的生命，便可些微补回疫情辜负的人间四月。

寻思良久，决定自制盐渍樱花。此法只能取八重樱中的关山樱，恰好院子里的两棵正是。研究各种具体做法后，为了地道，综合采纳了最耗时亦最古朴的方子，一来可以最大程度上保留樱花的味和形，二来试图挑战自己将时间拉长的耐性。搁了往年寻常日，断不会心生此念。

采摘时花是要去叶留柄的，且只留开放到五、六成的花。此举是为了用做好的成品泡水后，花会在杯中缓慢绽放，重获二重生命。取了盆子，仔细辨别枝头上还未竞放的花苞，大多都在高处了。又搬来高椅，几个回合，头发衣服尽湿，这才体会到八重樱绽放之初才是最好的采摘时机。寻寻觅觅，耗了半个多时辰才才采满一盆。樱花经过盐渍，醋渍之后会大幅缩水，所以即使这些原料也只能做

116

一小瓶盐渍樱花而已。

雨打过的樱花襟泪涟涟，服帖素净。经过流水清洗之后，用加了盐和小苏打的水浸泡一个时辰后，晾晒烘干。阴雨日烘干成了问题，恰好新装的暖气锅炉成了理想之处。把花梗朝下一一摆好，放入烤盘，架到暖气横杠上，一会儿便有青草气息冒上来。待水分基本蒸发后，便要用粗海盐，一层盐一层花地叠垒。花要塑形，花梗朝容器中心按同心圆方向摆置，盐渍好后加膜，再加两三倍与花重量的重物按压，加膜阴暗处放置两天两夜。经此过程，樱花的水分被盐渍出，颜色愈加艳丽，用手轻压挤水后，再塑性，按前一个过程的花朵摆置方法用米醋腌制三天。取出后一朵朵铺在洁净的竹帘上用三四天阴干，也可以用木夹夹好晾于草绳上，白墙粉花，和风可爱的样子。最后撒盐放入密封瓶中。醋腌时，本该用正宗日本梅酢，也可用加了腌渍过紫苏汁的赤梅醋，这样可以进一步保留花的颜色并增添鲜香，可惜这两样我都没有，只好勉为其难用米醋替代。

樱花本无多少香气，盐渍过后的成品却有淡然草香，冲和了艳色所带的脂粉气，让人想起宇野千代的淡墨之樱。盐渍樱花可单独冲调，也可与绿茶、青柠或其他食材一起泡饮。更可做樱饼，樱花红豆糕，樱花啫喱冻等。从此，几天花期被延绵至一年半载，随时可观杯中物，但留霓裳唇齿中。樱花与不同物搭配，便有了不同的乐趣和滋味。这让我想起，小时候最宝贝的一沓沓玻璃糖纸，揉搓她，伸展她，合着簌簌折叠声音，透过她仰望天空，天空便色彩遽变，不再是一汪蓝色平镜。没有了艳阳刺眼，周遭一切在色彩斑驳和几何怪状中重赋生命的体态。常常一个下午，我就在原地，看属于自己独特的万物。

制作盐渍樱花的过程中，细心、耐心、淡泊心一一被时间烘烤、丈量。花的摘取力度、摆置、腌渍等待、时时让习惯于快生活的人自我疑惑：是否值得，是否枉费了光阴。

人间四月，樱花树下多别离，一寸春心逐折枝。暖阳绵雨，软风雷鸣，这个春天阴柔激烈而自相矛盾。我们隔离纠结，我们内心相拥释怀。苦闷相思最多处的地方，行将饮花，观其欣欣然释放吧。

　　延绵四月人间花好处，且是为了心有灵秀蛰伏之意，余下年岁可随时整装待发。花可重生，何况人呢？人浮世上，渺如尘芥，观物侍物赏物间，物我则伏流生动，内在的美感经验破茧于物的新生毁灭，在自我循环中获得纯粹持续。只是此赏玩花事，多少出于不甘，用力似强弩之末，不出意料之中，或流于浮疏了。

自然的语言

文蓉

晨光透过枝头，落在露水未尽的草绿间，一只雀鸟踩着光，当它喉头涌动一股波浪时，空气中就传出一长串悦耳的鸟鸣。轻轻地，我追踪鸟儿的方向，越来越近，渐渐感受到它灰白的羽毛被风鼓鼓地吹起。鸟儿泰然自若，我奢望更近距离的窥探，它不悦，转身跳脱。相比，鸟儿安逸于自己的天地，而我的僭越之心可憎。

小迳蜿蜒的深处，两棵海棠花落残红。按以往经验，新结的海棠果儿，不稍三五日，就会被树上的灰松鼠搬空，未见感谢。不谢也罢，在松鼠眼里，莫不把我当成自家花农果农？

郁金香安静的凋谢，风卷着片片落红，无处安放。杜鹃怒放，枝头层叠，我指着深紫色的杜鹃花苞说："紫色雍容，花繁就有点俗了，不如那孤零零的野花有品相。"取舍之间，你有你的道理，花有花的姿态。

在几根插植的玫瑰前，我仔细打量。这些亲手剪枝养活的小花苗，即使瘦弱的叶片微乎其微，我依然爱惜，百看不厌。想到日常往来于色彩纷呈的景区名胜，即使花卉丰满，怪石罗列，也不过是一眼的惊叹。而注入心田，成为挚爱的绝不是转瞬即逝的感觉。所以世人之喜爱，比如一山、一水、一舍、一石……必定是仔细反复，在赏欣的事物之上有无尽的消磨。至于被爱之物平凡或稀有已经不重要。像冰果喜爱冰岛，年年往冰岛跑，乐此不疲。常此，必然比他人爱得更具体，更真切。

午后靠着古松假寐，忽觉背后传来呼吸般的涌动，起伏有序，令人恍惚。开始以为是自身呼吸之故，后缓缓醒悟，是一阵阵的风摇晃着身后这棵庞然大物，一下又一下。像小时侯坐在父亲大腿上，背贴着腹，感受到的父亲腹部起伏的呼吸。参天大树，瞬间在心头鲜活起来。

看雀鸟在矮树丛里跳来跳去，自在快活，抬头望去，苍穹之上鹰的高度几乎成了一个模糊的点，眨眼间就找不到，与眼花后的"星星"混在一起。心中一震，感佩！想起《逍遥游》中斥鷃与蟪蛄蓬蒿之间；鲲鹏扶摇万里的南冥天池，天壤之别。

然物与物，人与人皆不能攀比。夏虫不可语冰，是夏虫寿命使然，也许它心中藏着雪花的梦，却没有嘴表达，没有手笔录，没有人愿意关注。也许鲲鹏早已疲乏不堪，高处不胜寒，却忘了回归平凡的路。雀鸟飞不到鹰的高度；雄鹰也听不到家门口的欢声笑语。

蜉蝣逆着光，在午后残阳里隐显，像一扇时光之门，穿过它们，或有怎样的抵达？月亮薄薄的，像一张剪缺的纸，贴在天上。我知道它在等待，待夕阳西下，光像伞一般收起时，松间明月，清泉石上。

自然的语言，质朴无华，无欲无求。人类赋予它们什么，它们就是什么，从无争辩，也无需争辩。人世千百年，每一场戏的幕景都是这片自然，花鸟鱼虫，暮雪寒鸦……待曲终人散，它们抖擞抖擞，又是一层无字的白纸。

2020-05-04（花褪残红青杏小）

小时侯最害怕的鬼

王渝

因为我把卧室想象成糖屋，养成见墙就摸的习惯。我想潜意识里盼望摸到一块糖。手掌常常摸成像调色盘，戴妈抓了我去洗手，边洗边骂，又去妈妈处告状。我也是真够顽劣，任由她们唠叨个没完没了，我自摸墙摸个不停。

戴妈看妈妈也治不了我，她老谋深算另出奇招。她知道我爱听鬼故事，便先跟我讲了落水鬼和吊死鬼的故事。我听时紧张，听完并不害怕。我没机会靠近水，除了在游泳池游泳，那里人多多，又是白天，绝对碰不上落水鬼。至于吊死鬼，更不必担心，我们住的房子从没人吊死过。

戴妈最后祭出了摸壁鬼。她说，摸壁鬼整天藏在墙里面，我们看不见他，他看见我们。遇到他心情不好，谁摸墙他就一把抓进去，白天抓，晚上也抓。抓进去的人，他就把他们关在黑乌乌什么也看不见的地方，不给东西吃，让他们一直饿一直饿。

一直饿，可把我吓坏了。自从听了戴妈摸壁鬼的故事，我不敢再摸墙壁，甚至连靠近都不敢。

这种恐惧心理，我到了上大学都改不掉。那时我如果夜里起来去洗手间，我会把妹妹和住在我们家的表妹表弟全叫起来。让他们陪我，我进了洗手间，还要叫在外面的他们大声讲话。他们当然讲话。他们有话要讲啊！他们一起骂我，那一刻我倒是宁可挨骂的。

戴妈如果认得字会书写，一定成为了不起的作家。她有超凡的想象和创作力。

2020.02.28

魔幻感

严 力

　　2020 年 5 月，因疫情在纽约遵守居家令时的某一天，我忽然对数字产生了魔幻感，它起因于每天被关注的确诊、死亡以及康复出院的数字，每个数字都是一条生命，都有名字、社会安全号码以及护照号码。我知道其中最准确的应该是后面的两个数字，因为它们是不会重复的，而人的名字经常会出现重复的，那么为什么不用社会安全号码来称呼每个人呢？比如朋友老张，于是我在想象中用他的社会号码来描述，昨天 019-78-4532 在微信上对我说去了重新开张的华人大超市买了一堆食物，还说所有人都必须戴口罩……对了，几乎所有人都戴口罩这句话给我的印象是原来认识的人此时相遇时也认不出来了，联想到电影情节里那些蒙面的劫匪，会不会一些美国人不愿意戴口罩正是有着"那是劫匪专用的犯罪道具呢"？再回到人的名字来讲，其实也都是代号，既然是代号，为何不使用更精确的数字呢？可能是约定俗成的原因吧，一开始人类把有感情关系的新生命起了有含义的名字，其特殊的意义就在"感情"和"含义"上了。我们把其他物种和物件取个统称的名字后就以数字来加减了，所以名字和数字的使用范围被几千年来的人类文化规定了，可是这次疫情中不管是活着或死亡的了，也被统称和数字来加减了，这让我有很强的郁闷感。

　　既然想到了用社会安全号码来替代人的名字，顺着这个思路我就产生了魔幻感，把所有的朋友都用社会安全号码的 9 个数字来称呼，确实有点另类和滑稽，而那个叫 123-45-6789 的人哪怕没做任何惊天动地的事情，也会像英雄一样被所有人记住。而为了简洁，家里人都采用前两三位或后两三位数字来互相称呼……就会有重复的了，事实是，我，或者说现代人在思路上被电脑化了，因为只要输入一个九位数的号码或者护照号码后，出现的那个人绝对只有一个，而对电脑记录来说，在交税、出入境、保险等等现代人的记录中这两个号码的出现，根本不需要人的名字呀。联想到这次的疫情，没有它，我可能这辈子不会出现以上的想法，而死亡也不会那么魔幻地在没有战争、地震、海啸、龙卷风的情况下久久地盘旋在生活的上空，结果是让我们以居家的行为来做出避免死亡的贡献，魔幻吧？！更魔幻的是，居家者每天看到的是手机或电脑屏幕上的一组变化增加的数字，这些数字每一个本来是该延伸出一系列悼念活动和文章的，如今却都被省略了，我的两个朋友的家长因为新冠病毒去世后，我也就在手机上发出一条并没说出什么的文字，想想真的是不但魔幻还损伤了几千年积累起来的文化和教育，更别提牵肠挂肚的感情了。在大天灾来临后，人类的很多积累都将很轻易地被摧毁，而地域以及国家政治更是丑态百出，还有各种利益在使用幸存于灾难后的机会谋取利益，人类的那点德行不能像电脑软件那样升级吗，魔幻中更魔幻的是这次天灾并没最后确定是不是人为的结果，喔！

魔幻感还表现在生活被完全手机化了，既然出门要戴口罩，没有了表情与说话时的口型变化，手机上的文字就一统天下了，而且手机还有视频对话，虽然这与电视平面那样没有了气味和立体感，也没有了面对面可以随时停顿一阵的心理活动时间感！所以美国总统说他就不戴口罩，难道病毒也知道尊敬总统，对总统敬而远之？这个坏榜样影响了多少把他当英雄般选上去的选民，虽然无法统计被影响的人数，但肯定是有影响的，他的这个行为与科学没有关系，与其所处的活动范围里各种人员资源的投入有关，平民没有。

最后，我要说的是，虽然很早就知道数字是冷酷的，但这次疫情让我领教的冷酷不仅仅来自于身外之物的那些数字，还来自于人类自己内心的：我们在有准备的情况下，哪怕一个人的死亡，都会很隆重地对待，但在没有准备的情况下，面对死亡却是束手无策的，眼睁睁地看着同类一批批死去，为什么？不管是人为还是大自然的产物，这与人类千年来教育和文化的方向绝对是有关的，而我作为自称为诗人的多年思考中虽然有人性之恶的警惕，但对大自然的共存关系肯定是忽略的，我感到的魔幻在而事实上不是魔幻而是我们的无知喔。

2020.5.18.纽约

海明威与金瓶梅

唐简

前不久有位朋友问我，为什么我现在的英文名字和以前不同，我随口答道，名字是人取的，海明威和《金瓶梅》（我其实是指金瓶梅三个角色的名字）也是人取的。朋友笑翻了，说要我写篇文章，要把海明威和金瓶梅写进去。我一想，我这扯得是有点远，不过写就写吧。

说起海明威，在此称他为老海吧，相信就连每个土豪都知道他是大作家大文豪，曾得过诺贝尔文学奖。

大作家也是人，是人就有人性，有所谓的人性的优点和弱点。其实优点和弱点也是主观意识上的东西。从存在即合理这一道理来讲，优点和弱点都有其合理性，都顺乎自然，合乎逻辑，也就没有好坏高低之分。

老海是血性男子、钢铁硬汉，生就一个敏锐的头脑和强壮的体魄。他是家里的长子，有一个姐姐、四个妹妹和一个弟弟。大家庭出来的一般成熟较早。从小他的父母就对他说，"Have fun. Enjoy yourself！"让他好好玩，尽情享受。所以老海信奉的是维持健康，好好工作，与朋友们同吃共饮，在床上过得愉快。《金瓶梅》里的角色们信奉的和老海相似。虽然金、瓶、梅（潘金莲、李瓶儿、庞春梅）不见得有老海那样的志向，要好好工作什么的，但姐们儿吃吃喝喝玩玩乐乐，在床上过得愉快的需求和老海一样。

老海的一生感情错综复杂，他的作品中对人生、世界和社会都表现出了迷茫和彷徨。他有过四个妻子，有过许多情人，至始至终都在追求新的面孔、新的感觉、新的情爱，这一点与西门庆大同小异，虽然西门庆在层面上无法与老海相比。老海没有浪费上帝给他的禀赋，每天都在享用他强壮的身体，从中得到欢乐和满足，每一段婚姻每一段情对老海并非是单纯的生理需求，而是老海的字典中再自然不过获得愉悦和解脱的过程。身心快慰了，就带来了创作的灵感，所以看起来老海每一次的大作都来自于一段情带来的灵感。西门庆寻求欢乐和满足的方式与老海相同，不过是身心快慰了，得到什么样的灵感或有没有灵感不得而知，也不必探究，因为既然一种行为源于自然属性，有没有灵感不重要，也不是有灵感才高尚，没有灵感就低劣，在此要看的是他与老海追求快慰的共性。

老海就这样走着他的人生，西门庆就这样过着他的日子。

老海在基韦斯特 (Key West) 的故居，如今的海明威博物馆，是一幢两层楼，风格明快清新的西班牙式建筑。基韦斯特又称西礁岛，位于佛罗里达与墨西哥湾交汇处，是美国的最南端，与古巴相隔九十英里。故居坐落在一条幽深而洁净的街道上，不远处竖立着那座著名的灯塔。这个灯塔曾指引着海上的船只，也曾为饮酒归来的老海指引着回家的路。老海一般上午写作，傍晚开始到酒吧和朋友小酌，有时喝到酩酊。西门庆也是天天饮酒，隔三岔五喝得大醉。

老海故居整个庭园占地面积约一英亩半，主楼长约五十英尺，宽约三十英尺，另有独立的书房、游泳池和猫舍。主楼的颜色是柠檬黄，整个建筑有很多窗户，明亮，温馨。主卧在二楼，有走廊环绕。庭园内有花有树，优雅而恬静。庭园的一角有一个秋千架，样子和西门庆家的并无二致。在花树的尽头有一个葡萄架，也和西门庆家的如出一辙。老海的这个家虽然不如西门庆的地方大——院子连着楼阁，假山挨着花园，却也很是煽情浪漫。所以老海和西门庆之间虽然差着时间和空间，对生活的情调倒有些共通之处。

老海认为性是承载男人一切负荷的大海，没有这样一个大海，男人这条船走不了多远。西门庆不一定同样有思想，不过做法与老海没什么区别。

老海开始与女人打交道可以追溯到十三岁。他十七岁时曾与一个三十多岁的女人有过一段关系。在一战期间，十九岁的老海爱上了一个比他大七岁的护士，后来这个护士移情别恋，对老海的打击很大，他大病一场，曾一度愤恨，惶恐。当二十二岁的老海与他的第一任妻子——当时三十岁的哈德莉结婚时，他已经是走南闯北，对女人见多识广了。婚后不久他与妻子到巴黎发展，与年龄比他大很多的女作家有了关系。那时，他与妻子的关系开始恶化，对无法满足他需求的妻子感到厌倦，对婚姻制度感到烦恼。

在经过各种尝试以满足他的需求后，老海总觉心里有些微欠缺。有次老海忽发奇想，对各种他所知道的神祈祷，祈求能穿越时空来到另一个世纪，就算是变作一只猫，享有半小时的惬意，感受新鲜事物也好。

老海的祈祷不知感动了哪一个神，忽然间他失去了人的身形，醒来时已是一只黑猫，周围是假山和花园，地上躺着一个襁褓中的婴儿。他蹲在婴儿身边好奇地看着，忽然听到了假山内一男一女的呻吟声，接着有两个女人跑来抱走了婴儿，假山内的女人立即支走了男人，自己跟着也离开了。黑猫独自在园内逛着，经过葡萄架下，竟然看到了假山中的那个女人和另一个男人（不是刚才的那个）。一会儿，另一个女人拿着酒壶也姗姗来到葡萄架旁。黑猫心想这是什么地方，全然不知他到了西门庆的园子，也不知穿越时空把前后事情的顺序搅乱了，也把情景压缩了。最后黑猫来到一个秋千架旁，看到了葡萄架下的男人和好几个女人在一起，其中还有先前见到的女人。假山里的那个男人却不在。黑猫大有感悟，感慨原来一个男人可以同时和几个女人生活在一个屋檐下，觉得不虚此行。正这么想着，周围世界发生了天翻地覆的变化，他已恢复人形，回到了半小时前祈祷的地方。

老海为这个解决办法感到激动。他和妻子进行了一番谈话，最后哈德莉同意他建立一种"三人家庭"。于是老海引进了他的情人鲍莉娜，与他的妻子共同生活。后来这种方式不能令老海满意，他就与哈德莉离了婚，与鲍莉娜结了婚。看来老海的黑猫之行没有学到西门庆治家的精髓，大可不必结了又离，离了又结，全部引进到家里就彻底解决问题了。虽然老海结婚四次，有过众多情人，在当时已经是惊世骇俗，要建立一个一夫多妻的家庭，就算是当时，搬到犹他州也是可行的。

闲暇之余，老海多次想到在西门庆园中见过的美貌女子，觉得更不应虚度此生，更应该尽情享乐和努力工作。幻化成黑猫的短暂经历使老海与猫结下了不解之缘，老海从此酷爱猫。他在基韦斯特的家里养了大约五十只猫，其中很多有六个脚趾头，它们是一个船长送给他的六脚趾猫的后代。老海还给他的猫命名，他的猫有叫莎士比亚、卓别林的，也有叫阿金、瓶儿和春梅的，不过金、瓶、梅三只猫的足比其它猫的要小些。

鲍莉娜之后，老海每一次离婚和再婚情况都相似，他的女人也都比他年轻。随着年龄的增大，他与情人之间的年龄差距越来越大。老海在六十岁时，制造了最后一次婚姻危机，爱上了一位十九岁的少女，并使她成为自己的情人。西门庆的一生也是到处留情，不同的是，他在接近人生的最后关头茫然不知死之将至。

老海的人生是一个传奇。六十岁后各种疾病和创伤摧毁了老海坚强的体魄，他不堪忍受的是无法再维持健康，好好工作，与朋友们同吃共饮，以及在床上过得愉快。而在所有这些中，最后一条最难以忍受。六十二岁那年的一天，老海选择了自杀，用他那写下了大量不朽著作的手结束了自己的生命。老海情愿自杀，西门庆是情愿不死。

至始至终老海都是条硬汉，他的妻子们都很爱他，尤其是哈德莉。与老海相比，西门庆的妻妾们就不同啰，若西门庆遗言须得他的坟干了妻妾才可改嫁，恐怕有人立即就会效法庄子遇到的那个扇坟的妇人。

时至今日，老海的猫在他基韦斯特的故居繁衍下来，悠哉游哉怡猫自得地生活在老海曾生活的地方，想来金、瓶、梅的后代也在其中。

在纽约认识一个人

妙琴

似曾相识，我不禁注目这个黑白封面上的女子，希腊式力与美的杰作，她的头微微仰起，眼神迷离，似灵魂出窍，却一脸雕塑般的凝练与克制。书名很特别：《卡拉斯笔下的卡拉斯——玛丽亚的秘密作品》（*Callas by Callas: The Secret Writtings of "la Maria"*）。匆匆翻阅，玛丽亚·卡拉斯，20 世纪最伟大的歌剧女王，她的爱恨情仇同她出演的一幕幕悲剧扑面而来，而几年前那场梦魇竟随之浮现，不思量，自难忘。

1923 年 12 月 4 日，卡拉斯出生在纽约一场可怕的暴风雪中，她的父母一直期待并以为会是个男孩（代替几年前死去的儿子），当护士抱着重 13 磅的新生儿给她母亲时，失望之余，母亲竟转过头说："不，我不想看到她。"在护士的催促下，她有了自己的名字。卡拉斯的父母在她出生前四个月刚从希腊来到美国，希冀新的开始能维系他们的婚姻和家庭。然而每况愈下，在卡拉斯 13 岁那年，父母决裂，她和姐姐随母亲离开纽约回到希腊。

19 岁时卡拉斯脱颖而出，在雅典国家剧院登台主演《托斯卡》，其中的咏叹调"为了艺术，为了爱"正是她一生的故事。1977 年 9 月 16 日，卡拉斯独自死在寓所，公布的死因是心脏病突发，更多人称她死于心碎，她的丈夫直言是自杀。死前不久她写下这段话："我没有获得丝毫对我的爱和尊重：我无比孤独。我一生中从未依赖谁，如今却是一堆药物的奴隶。我想，对我而言，结束生命将是一种幸福。我没有快乐，没有朋友，除了一堆药。"她最后两年的日记由一位帮她处理事务的律师保存，这位律师声称在其有生之年决不公布日记内容。这本日记几经转手，如今在一位崇拜卡拉斯的意大利医生伊凡诺·斯格诺里尼（Ivano Signorini）手里，他同样声称将对此保密。

我们无法想象卡拉斯悲剧人生最后那段可怕的旅程，但多少知道，她的艺术生涯如同她信奉的命运之神主导的戏剧一般耐人寻味。《西西里的美丽传说》中，女主角为了果腹沦为德军的尤物，而卡拉斯则被母亲一次次推出门去取悦军人们以换取食物，母女俩为此多次激烈争吵，那些士兵在卡拉斯身上无疑要得更多。卡拉斯曾说："我永远不会宽恕她们（母亲和姐姐）……对我糟透了，我永远不会忘记她们怎样利用我，让年幼的我供养她们，我的母亲永远偏爱我的姐姐，只想让我在俱乐部卖唱挣钱，不惜毁掉我的前程。"当她的母亲写信求红极一时的卡拉斯接济时，她的回复是："为了活下去，我曾多么卖力，您还年轻，您应该像我那样努力，如果您的钱不够花，您可以去跳河或者跳楼。"她的母亲著书称卡拉斯是一个不近人情、冷漠甚至恶毒的人。

1945 年，卡拉斯回到了纽约，处处碰壁甚至朋友的背叛，没有让她灰心、悲伤。她与一对叫露丝、艾迪的夫妇关系亲密，后者是律师，一度充当她的代理人，却从未在美国为卡拉斯谋得一次机会。多年后，这位艾迪给已是国际巨星的卡拉斯寄去两人通信的复印件，这些信件的日期和内容，穿插于她同丈夫乔瓦尼·巴蒂斯塔·米奈吉尼（Giovanni Battista Meneghini）的相遇、交往中。卡拉斯不得不妥协，为这些信件和这段关系偿付巨额。米奈吉尼这个比卡拉斯年长近三十岁的生意人给了她从未有过的安全与安慰，他更承诺为她的艺术事业保驾护航。认识米奈吉尼后，卡拉斯给那位律师写的是："亲爱的艾迪，整整一两个月，今早我们终于收到了你的信，我说'我们'，是的，因为我和露丝如今已成为一个人。"被自己妻子和卡拉斯共享的艾迪抱怨卡拉斯未给他写信，她请求对方理解她的处境，解释米奈吉尼对她意义重大："这并不是爱情，它意味着更多。你是聪明人……难道我应该离开他，让自己余生都不幸福吗？如果我不能经常给你写信，请你不要在意。我和你一样坏。不要这么自私，也不要误会我，我仍在乎你，和离开你那时一样。""最亲爱的，写了这么一封长长的信，真累。请你一定读完它，并且不要生气，记住我们曾经有过的美好时光，而不是那些糟糕的时刻……"当米奈吉尼渐渐疏远她时，卡拉斯又急切地转向艾迪："等待你给我回信，希望你永远把我当作你的玛丽亚。""不要以为我忘了你，只是环境让我们不得不改变方式，当我看到你那一天，我会解释一切。""你应该明白一件事：玛丽亚不像其他人那样善变。即使在我离开前那几个月你这样对待我，我也没有说过什么，我将一直对你忠诚。"而米奈吉尼突然回心转意又来找拉卡斯，这下，卡拉斯不顾一切地向他倾诉自己对他的爱如何强烈、深切得让她痛苦："昨天我本打算离开，因为你似乎对我厌倦了。但昨晚你如此地属于我，我为此感谢你……我向你保证我，一定尽我所能改掉我的坏毛病，只求你对我有点耐心。你拥有我的一切，我一切最深处的情感，我最微小的心思。我为你而活。你的意愿就是我的，我愿意为你做一切你要我做的，求你不要收回你的爱……我需要你给我一个家……请记住每个女人都需要仰赖她的男人活着并思想，你是我的男人。世上不会再有一个女人会像我这样在意你。"卡拉斯的表白如此彻底而绝对："你拥有我，并将永远拥有我。你要牢牢记住这一点。昨天我已经确信我根本不可能离开你而活下去。我将是你灵魂的伴侣，挚友……无论何时何地，我愿为你做任何事。"不久两人关系得以牢固，米奈吉尼为卡拉斯的艺术事业做了具体有效的规划，可谓四处突围。卡拉斯给艾迪写信："很多人说他比我大那么多，而我如此年轻又愚蠢。这些人真够蠢的，你知道的，我的心智和性格都比他老练……就写到这里，亲吻你的脸，或许再亲下你甜蜜诱人的唇。"

卡拉斯称自己和米奈吉尼的结合是"纯粹、无暇和高尚的"："这是我一直梦想和渴求的爱情。如今我终于拥有了这爱。我将终生守护它胜过自己的瞳仁。"然而这段熠熠生辉的婚姻在1965年嘎然而止，卡拉斯转瞬投入船王亚奥内西斯（Aristotle Onassis）的怀抱，她甚至没带上自己珍爱的珠宝就丢下不知所措的丈夫。当这对著名的恋人被铺天盖地的媒体报道包围甚或围攻时，卡拉斯认定是她的丈夫对记者说了什么而怒不可遏："你小心点，有一天我会带着枪上门杀了你。"而坚持不离婚的米奈吉尼回击："你一定要来，我这里也有把好枪等着你。"奥内西斯很快冷落甚至当众羞辱卡拉斯。而肯尼迪遇刺后，他终于如愿以偿迎娶了万众瞩目的肯尼迪遗孀。人到中年的卡拉斯遭遇毁灭性的挫败，艺术和爱情都抛弃了她。之后她对那位年轻导演的恋慕，以及和老搭档斯泰方诺的感情，皆有始无终，不了了之。我不禁想到另一个天使般的女人茨维塔耶娃，这位自杀的女诗人哀叹，自始至终没有一个男人爱过她的心灵。众所周知，除了她的丈夫，她爱过的帕斯捷尔纳克和里尔克是世间少有为艺术和爱而活的男子。

放下书，再次潜入那场梦魇：一座若隐若现的宫殿，笼罩在蓝色的烟雾中，我被什么力量推着一步步靠近它，莫名的惊恐，飘一般被吸入一个好像不存在的门，发现里面一片静寂。这座看似完美的建筑少了什么？渐渐窒息，为何没有一个活人可以在里面存留……有人透露卡拉斯那本神秘的日记中有句自问："卡拉斯，但是，玛丽亚呢？"卡拉斯出色地演绎了许多震撼人心的角色，她和她的艺术曾站在世界的巅峰，却仍在寻找着另一个自己，不知何时何地，她失落了那个也许会活得更美好的玛利亚。

正巧读到玛丽安妮·拉尔森的《我，已经走了》，最后两句：

那些醒来意识到自己
在他人中扮演角色的人
并非塑像，而是惧怕

"为祖国献身，无上荣光！"

李伯宏

古罗马诗人贺拉斯组诗《颂歌》第三卷第二首"美德颂"中，有一名句："为祖国献身，无上荣光。"

当时的罗马，正值共和国转向帝制的关键时期。执政者奥古斯都施展权谋，总揽一切权力，终于当上了罗马帝国的首位大帝，号称盛世。或许为了避嫌，奥古斯都并未配上皇帝头衔，而是自称罗马"第一公民"。贺拉斯的《颂歌》正是此时问世。其最后一卷最后一首，颂扬了奥古斯都守护和平，维系稳定，让罗马帝国名声远扬。

《颂歌》模仿古希腊的抒情诗，简洁，明澈，描绘了当时罗马社会的方方面面，成为古罗马抒情诗的名篇，不时有后人仿效。直至近代，英国桂冠诗人丁尼生仍给予很高评价。不过，到了现代，一次世界大战中，在英国最著名诗人威尔弗雷德·欧文手里，他摘取了《颂歌》诗中的这一名句，反其意而用之，给这句古诗又添了一层含义。

可以说，写诗是最悲天悯人的一个行业。诗人起笔、落笔之间，无不替人兴叹，促人感叹。而且，但凡盛世，诗家更会探究人的悲欢离合，命运的起伏跌宕，揭示寒门的艰辛，暴露朱门的丑陋。比如盛唐的诗圣杜甫，比如在杜甫的人文大旗下，晚唐的陈陶：

"誓扫匈奴不顾身，

　五千貂锦丧胡尘。

　可怜无定河边骨，

　犹是春闺梦里人。"

　　这首《陇西行》，在苍凉中讲述生死相隔，让人唏嘘；也让诗人不朽，诗句永恒。

　　英国桂冠诗人丁尼生也恰逢盛世：维多利亚时代，正值大英帝国如日中天的时期。

　　丁尼生称贺拉斯的《颂歌》"字字珠玑，永世闪耀光芒。"但他称颂的是整首诗的章法造势，而非以赞美祖国为名、以颂扬君王为实的几个字符。丁尼生诗作生涯中，最著名的诗作之一，是《轻骑兵冲锋陷阵》。诗中也写光荣，但非国家的光荣，而是将士们九死一生赢得的人格的光荣。诗中写英俄克里米亚战争期间，发生在1854年10月25日的一场战事。由于英军指挥有误，传令不当，六百名轻骑兵组成的冲锋队，冲击俄军布防缜密，严阵以待的炮兵阵地，结果伤亡惨重，震天的炮火中，生还者寥寥无几。

　　"他们冲锋陷阵，不问原由何在；他们冲向死亡，不明不白。

　　炮弹左边炸，炮弹右边炸，炮弹在前面炸；他们向死亡峡谷攻击，他们朝地狱之门冲杀。"

　　诗发表后，震动社会各方，乃至近四十年后，英国第一位获诺贝尔文学奖的诗人兼小说家吉卜林，仍然忘不掉，又写下《轻骑兵生还无几》，向世间疾呼，关照从那次绞杀生还的轻骑兵队伍中的伤兵老兵。

　　第一次世界大战爆发，吉卜林送儿子上前线。后来，儿子战死疆场，连尸体也没有找到。大战四年，他也采用贺拉斯《颂歌》的形式，写下了著名的《战争墓志铭》。其中一阕"新郎"，以一位刚刚结婚的战士之口，写自己在战场上死去，不能与心爱之人重逢：

"爱人唤我，亲热相拥；我却倒在，她人胸前。

她这新娘，来自远古；冰冷如霜，伴我长眠。"

诗很委婉，把死神比作新娘，而让战士思念的新嫁爱人，还一直巴望新郎回到自己身旁。写的也是阴阳隔离，恰如陈陶的《陇西行》，异曲而同工。

吉卜林在整首诗中，也不乏十分直白的字句，其中最震撼的，是《公墓》一阕："若问我们为何战死疆场，去告诉他们，因为我们的父辈信口雌黄。"

英国人把这样的诗人奉为自己人文传统的代表。他们的法眼里，容不进一味颂扬帝国，阿谀权势的文人。他们看重的是，谁文字精准，文风独到，文格高雅，谁就独领风骚。或许，这正是他们之所以成为日不落帝国的根本原因；当然，这属于历史学的范畴。后来的历史，确是让威尔弗雷德·欧文的战争诗作，名气超出了吉卜林；让欧文成为英国写一次世界大战的最著名的诗人。

伦敦西敏寺的诗人之角，专为一次大战的著名诗人树立了纪念牌，让这些诗人与莎士比亚、弥尔顿、拜伦、哈代，还有吉卜林等人，共享这一殊荣。纪念牌上的铭文，就来自欧文的诗行："我在诗中写战争，战争生悲悯，悲悯出诗行。"英国还把欧文那首著名的"为祖国献身，无上荣光！"编进了小学教材，并附上教学提纲。

这份教学提纲中，鼓励学生阅读更多欧文、以及他同时代诗人的诗作。其中，给教师列出两点提示：一是，"鼓励学生，对比这些诗作和当时的爱国诗歌。两者有何不同？"二是，"提问学生，为何把欧文看作是重要作家？"

一次大战打响后，欧文参军，开往前线，因作战英勇，获得过勋章。但就在停战协议签订一周之前，1918 年 11 月 4 日，欧文在法国北部作战身亡。两年后，他的好友出版了欧文的诗集。欧文作为反战诗人的重要地位，主要就来自其中的这首"为祖国献身，无上荣光！"

这诗不长，分四段。前三段写士兵们在历经战场厮杀之后，从前线开始退却。他们低着头，弯着腰，光着脚，踏着泥泞，踉踉跄跄地后撤。他们个个精疲力竭，不少人身上血迹斑斑。忽然，背后传来炮弹的呼啸，闪着绿光的毒气弹在后面爆炸。士兵们急忙戴上防毒面具，但有的已经来不及了，吸进了毒气，无声地倒在了战场。

诗的最后一段是这样：

倘若你难以喘息，在梦中游荡，
待我们把他的尸体仍上车，你也紧随其后，
看着他两眼翻白，面色狰狞，
在那无辜者扭曲的脸上；
倘若你能听到，车轮每次颠簸时，
鲜血从他腐烂的肺中往外流淌；
连同满嘴溢出的白沫，
奄奄一息，痛苦异常；
朋友，你就绝不会那么慷慨陈词，
向追求功勋荣耀的孩子们，
重复这句古老的谎言：
"为祖国献身，无上荣光！"

走向安菲尔德

刘瑞金

六月的巴黎天气比想象中暖和许多。尽管坐了十几个小时的飞机，此时欧陆属于初夏早晨的气候非常怡人，尽管在飞机上因为时差的关系度过了两倍的漫漫长夜，却没怎么入眠，一想到眼前的旅程，时差马上就转过来了，一点不当一回事。

抵达巴黎的时候，是一个星期四的早晨，从戴高乐机场到酒店，乘搭机场快捷火车加上步行，不到一个小时就到了。巴黎的市区果真不大，就像从地图上和电影中看到的一样。

几个月前上网安排住宿的时候，特地选靠近塞纳河的，因为希望能用步行的方式就可以抵达罗浮宫、奥赛博物馆，当然，还有圣母院。我所住的酒店叫做 Little Palace Hotel。它的名字让我想起了圣修伯里的小王子，或者就把它当作小王子住的王宫吧，虽然我不知道这家酒店和小王子或圣修伯里是否有渊源。虽是一家小酒店，但酒店内部的装潢和情调都不错，看起来挺舒服的。抵达酒店的时候时间还早，入住房间的时间还没有到，酒店的职员很有礼貌地请我坐在大厅等候一会儿，并且端上了一大壶的咖啡让我享用。这是我第一次到巴黎，也当然是第一次在巴黎喝咖啡。

在计划行程的时候，原本只想在巴黎逗留几天。因为没有很长的假期，只能随便走走，以一圆我年轻时候的心愿，游览这个艺术之都。没想到在订好了机票以后不久，就萌生起何不顺便也去一趟伦敦的念头。于是，上网寻找并购买了去伦敦的欧洲之星的火车票。买票的过程很顺利，不到一会儿便买到。我买的是星期天早上的票。

人有时候真的很贪心，尤其是在旅行的时候总是会希望能在最短的时间里加入最多的行程。我说的，是前往安菲尔德（Anfield）的行程。

利物浦在伦敦以北。从伦敦到利物浦，坐火车要坐两个多小时。来回至少要五个小时。在有限的旅行时间里面要插入这个行程，非常不容易。首先，是报名参加安菲尔德球场的导览团是有时间规定的。每天的最后一团是下午三点开始，四点结束。而且必须在导览开始之前 15 分钟抵达。再加上，安菲尔德球场在六月份不是比赛的季节，因此在特定的日期会用来进行一些表演，因此不是每天都是对外开放的，就算是开放也不是球场的每个地方都会开放。经过一番斟酌与反复的内心交战之后，终于还是决定去了，并且在网上订了 6 月 16 日这一天。那是一个星期天，也是我抵达伦敦的那一天。根据网站上的说明，那一天，球场里除了比赛的绿茵场地之外，其他地方都会对外开放。而球场在这一天之后便会连续关闭几天。因此，这一天是我唯一的选择。

换句话说，我必须在抵达伦敦之后马上赶往利物浦。幸好，我订的去伦敦的欧洲之星火车是早上出发的，如果顺利的话，应该可以衔接前往利物浦的火车。可万万没想到的是，我竟然差一点就错过了。

星期天早上一大早便在小王宫酒店办理退房手续。我问了酒店职员这里去巴黎北火车站哪个方式最快。之前我从网上查到的是，可以乘搭巴黎地铁 4 号线，而这条线在酒店外不远处就搭得到。可是，我没有查到的是，巴黎地铁 4 号线在星期天是早上 10 点以后才会开动的，而我订的欧洲之星却是 9 点 13 分出发的。幸好，酒店职员跟我说，其实巴黎北火车站从我住的酒店是可以走得到的，大约 15 分钟就可以走到，只要走对方向。

方向我是走对了，可是等到走到火车站的时候，已经是半个小时过去了。这时候时间是 8 点 38 分，距离火车开动只有大约半个小时多一点。

巴黎北火车站很大，进了火车站，正在琢磨欧洲之星的闸门是在哪一处的时候，拿出车票一看，之前竟然都没有注意到车票上的一行文字：火车出车前半个小时闸门就会关闭，而现在的时间距离闸门关闭只剩下五分钟了。我于是马上找火车站职员问。

在一番询问之下，我赶在闸门关闭前的一分钟进了闸门，接下来还要排队过海关，检查行李。最终，我还是赶在火车出发前十分钟坐上了火车，开始了两个半小时前往伦敦的行程。

这是一个小小的惊吓！可是，就在我以为惊吓结束以后，更大的惊吓还在后头。

虽然成功赶上了从巴黎去伦敦的欧洲之星，没想到，这颗欧洲最璀璨的星星竟然严重误点！而这个误点，竟让我差一点去不成利物浦！

就在我好不容易赶上了火车，坐在舒服的座位上等着火车开动的时候，火车却久久不开动。看着手表，早已经过了火车原本应该开动的时间，火车却一点动静也没有。不久后，一个广播传了出来，说火车会迟开十五分钟。幸好不久后，火车就开动了，比原来预定开动的时间晚了十二分钟。从巴黎坐欧洲之星去伦敦，行程需要大约两个半小时。而从伦敦去利物浦，也要大约两个半小时。加起来一共约五个小时。我之前已经上网预订了衔接前往利物浦的车票，而衔接的火车就在欧洲之星抵达伦敦后三十五分钟，也就是英国时间 11 点 16 分开动（法国时间比英国时间快一个小时）。欧洲之星抵达伦敦的火车站和开往利物浦的火车的火车站是不同的，虽然距离不远，但我估计走过去大概也要大约十五分钟。如果真的只是误点十五分钟，还是有可能可以赶上的。原本还想，到了伦敦先在火车站寄存行李，因为安菲尔德球场是不让携带大型的行李的。但现在看来时间不够了，可能要把行李也带去利物浦，寄存在利物浦的火车站了。

火车不只是迟出发，而且一开始的时候，还开得非常慢，时走时停的，一直到大约一个小时后才开始提速，恢复正常的速度。眼看着时间一秒一秒地过去，我开始觉得，要赶上前往利物浦的衔接火车，应该是不可能了。

在车上利用手机上网查了一下，查到如果因为之前的火车误点，可以凭着之前的火车票改下一趟火车的票。万万没有想到的是，欧洲之星终于抵达伦敦的时候，竟然是误点了将近一个小时！

抵达伦敦，原先预定的那趟火车早已开走，只能要求改票。而即便是改票，也不一定能赶得上三点之前抵达利物浦的安菲尔德球场。况且从利物浦的火车站，还得搭车前往球场。

等我终于从欧洲之星抵达伦敦的 StPancras 车站，走到开往衔接前往利物浦火车的 Euston 火车站时，距离我要求改票的出发时间，只剩下十分钟了。于是赶快找了一个火车站职员问，他向我指了售票处的方向，要我去售票处改票。我还在担心够不够时间，万一需要排队呢？没办法，他说这是唯一的方法。

我赶快跑去售票处，幸好排队的只有几个人，柜台也开得很多，很快便轮到我了。跟售票员重复了我因欧洲之星误点要求改票的原委，并给他看了欧洲之星的火车票后，他二话不说帮我改票。而这个时候，距离火车开动只剩下五分钟了。拿了改过的票后，我赶快跑向月台，终于赶在距离开动的两分钟前，用几乎是跳的方式上了火车。还好，这趟车的车程比我之前订的车程短了半个小时，虽然最终还是会比预定的时间迟半个小时抵达利物浦，如果火车不误点的话，还是可以赶得上去安菲尔德球场的。这时已是中午 12 点 05 分。

我终于坐上了前往利物浦的火车，在车上也在暗中祈祷火车不要再误点。幸好，这趟火车非常准时，准时出发，也准时抵达，几乎是一分不差。

抵达利物浦 Lime Street 火车站的时候，已是下午 2 点 20 分了。马上去寄存行李。寄存行李的过程很便捷，包括排队在内，十分钟内便解决。过后便去搭德士，站内早已有车在等候。

我以最快的速度跳上了一辆伦敦德士。上了车后，我马上跟司机说我要去安菲尔德球场。司机即刻回应，他不去，只去古迪森，我一下子脑筋没转过来，连忙道歉准备下车。司机却忙说别下车，我载你去。

我这时才听明白了他是在跟我闹着玩。因为熟悉英超的人都应该知道，古迪森公园（Goodison Park）是利物浦的同城死敌埃弗顿的球场。

司机显然是一个埃弗顿的球迷，但在知道了我是利物浦的球迷后，不只没有拒载，还跟我开了一个非常英国人的玩笑。

只可惜我上车的时候因为之前火车误点的关系已经迟了，怕误了去安菲尔德球场的时间，影响了心情，一下子没听出他的玩笑。

司机非常热情，一路上有说有笑，下车前还跟我仔细描述说下了车应该怎么走到参加导览的地点。

终于，从万里之外的狮城，我来到了遥远的安菲尔德朝圣。新加坡距离利物浦，正好超过一万公里。

作为一个近三十年的铁杆粉丝，直到今天才第一次踏足了这块神圣的场地。

其实在这之前，从来没有想过这趟行程会成真，甚至有很长的时间根本没有想过要去。

然而，当今年利物浦历史上第六次，也是隔了十四年之后再次得到了欧洲冠军杯之后，心想，应该没有比这个时候更好的时机去了。

抵达之后，领了解说器和耳机。在球场参观的时候，职员们都非常热情，因为大家都是支持同一支球队的，还主动问独自前往的我需不需要帮忙拍照。

到了现场才发现，其实除了比赛的绿茵场地被临时除去，为了筹备一些表演，无法进去之外，其他的地方，例如观众席、球员更衣室、球员餐厅、记者采访室、博物馆等等，都有对外开放。只不过可能去得比较晚，售卖纪念品的店在我参观完后关门了。

第一次去自己支持了三十年的球队的主场，有些激动。有一点不能相信自己竟然做到了。这时候，脑海中不停地响起"You'll never walk alone."

尤其是来的路上状况连连。先是差点没赶上欧洲之星，然后是遇到这颗星严重误点，没赶上衔接的列车，临时被迫要改票。即便要改票也差一点没赶上。

回程的时候，我截的是一辆女司机开的德士。事实上，她的车一早就停在球场外等着客人。和之前那名男司机不同的是，她却是利物浦的铁杆粉丝，一样非常热情。短短的路上一直问我很多问题，例如从哪里来，现在回去哪里，要搭几点的火车等。我跟她说了火车的时间，她说时间非常充足，我说要早一点去火车站买东西吃，因为之前赶火车的关系，到现在都还没有吃午餐。和那名男司机一样非常的好聊，虽然她的英国腔调让我有时候听不太懂她的一些话。

我跟她说早上刚从巴黎过来，还碰上火车误点的事，差一点来不了利物浦。这次千里迢迢来利物浦只是来参观球场，没有时间多在利物浦四处逛逛。

我还跟她说之前那名司机是埃弗顿粉丝的事，她就一直为埃弗顿喝倒采。她还说利物浦的另一个死对头的城市曼彻斯特就在附近，并说我应该不会感兴趣。我说是的，但也说了我的两个弟弟都是曼联的粉丝。

聊着聊着，火车站就到了。回程比去程快很多。英国人真的很会聊天，可能是我不会讲法语吧，也可能我在巴黎没有机会搭德士。在法国的时候没有机会像跟英国人聊得这么畅快。

这一天就这样过去了。一整天坐了七个多小时的车，只是为了圆一个非常遥远的梦。然而梦，尽管这么遥远，圆的过程中经历了这么多的波折，最终，还是圆了。

写于 28.9.2019

修订于 6.5.2020

疫情（徐进作品）

魏玛一日

君平

    2019 年 9 月 30 日我们一早就从科隆出发前往魏玛，继续我们的德国自驾游的行程。魏玛位于德国中部的图林根州，是个只有六万人的小城。和中国的城市相比。这是小城无疑了，但在欧洲 6 万人的规模也不算小了。古人云："山不在高，有仙则灵"。魏玛倒是应了这句话。真是"小城故事多"。历史悠久，千年文化圣地，用人杰地灵来形容这座城市一点也不夸张。这座小城和文坛巨匠歌德，席勒，音乐家巴赫，李斯特，哲学家尼采，思想家赫尔德，包豪斯学院等等，有着密不可分的关系。

    魏玛在历史上有三次特别重要的时期：

    第一次它被世人所知，是欧洲中世纪的西历 975 年，东法兰克国王，神圣罗马皇帝奥托二世在这里召开诸侯大会。奥托二世延续其父奥托一世的的既定政策，抑制德意志各部落公爵的势力。973 年奥托二世迫使波兰大公梅什科一世臣服。二年之后，年仅 20 岁的他在魏玛召开诸侯大会，显然是这位年青的皇帝短暂一生的亮点。他在只有 28 岁的时候就去世了。

    第二次是欧洲启蒙运动兴起的时期。魏玛在之后的一千多年中，在政治上倒没有太多故事了。魏玛得以彰显其名的是它成为创造了德意志"狂飙突进"（Sturmund Drang）的启蒙运动的圣地。

"狂飙突进"其名称来源于剧作家克林格的同名戏剧，但其中心代表人物是歌德和席勒。1775 年，年仅 26 岁，在文坛初露才华的歌德受公爵卡尔·奥古斯特邀请，前来魏玛担任枢密公使馆参赞大臣。歌德在魏玛一直生活到 1832 年逝世，度过了 57 年漫长的多产岁月。就在魏玛，歌德于去世的前一年，完成了巨著《浮士德》。中国人更多知道歌德大名，是缘于他于 1774 年出版的中篇小说《少年维特之烦恼》。这部小说使得歌德享誉欧洲。小说主角少年维特爱上了一个名叫绿蒂的姑娘，而姑娘已同别人订婚。爱情上的挫折使维特悲痛欲绝。之后，维特又因同社会格格不入，感到前途无望而自杀。"哪个少男不钟情，哪个少女不怀春？（青年男子谁个不善钟情?妙龄女人谁个不善怀春?-郭沫若版本）"成了少男少女的口头禅。在 148 年后的 1922 年，郭沫若将《《少年维特之烦恼》翻译出版，在中国掀起"少年维特的烦恼"，引起了强烈的共鸣。而此书在国内一再再版重印。到抗战前夕，由泰东、联合、现代和创造社四家书店先后再版重印，共达 37 版之多。从 1955 年到 2010 年的 55 年期间，国内先后有 22 种不同版本的翻译出版。这也创造了中外文学翻译史上的奇迹。歌德是一个伟大的诗人、小说家、戏剧家和杰出的思想家。但是却很少有人知道，他还是一个科学研究者，而且涉猎的学科很多：他从事研究的有动植物形态学、解剖学、颜色学、光学、矿物学、地质学等，并在个别领域里取得了令人称道的成就。

1782 年公爵把一所妇女广场边的房子租给了歌德。这幢房子最终于 1792 年被赠送给歌德。歌德一直居住在这里，直到去世。妇女广场边的花园也是诗人自己修建的。在歌德的最后一名孙辈和继承人去世后，这所房子被宣布为国家博物馆。

我们当然首先前往歌德的旧居参观。不巧的是，2019 年 9 月 30 日是星期一，大多数德国博物馆都是选择周一休息。我们只得站在歌德旧居的大门口往里面看了看。拍了几张照片，就赶去席勒的旧居。说起席勒，国人可能对他的了解不多，不过要是说起贝多芬的《第九交响乐》（《欢乐颂》），大多数对古典音乐有些知晓的人都听说过。席勒就是《欢乐颂》的词作者。弗里德里希·席勒，德国 18 世纪著名诗人、哲学家、历史学家和剧作家，德国启蒙文学的代表人物之一。席勒是德国文学史上著名的"狂飙突进运动"的代表人物，也被公认为德国文学史上，地位仅次于歌德的伟大作家。1785 年 10 月的一天，在德累斯顿近郊的一个村子，诗人席勒应一对新婚夫妇的邀请来参加他们的婚宴。宴会上，诗人为新人的幸福、朋友的热情和现场的欢乐气氛所深深感染，写下了这首颂诗。其实，与其说是诗人在写欢乐，不如说是在写爱，这种爱超越时代，超越种族，超越地域，超越国界，深入人心。这首诗后经伟大音乐家贝多芬谱曲，与优美的旋律一起传遍了世界，在人们心中久久回荡。人们说这是一首"思想抒情诗"。

整篇诗歌气势磅礴、意境恢宏。而贝多芬本人正是席勒的忠实崇拜者，这首《欢乐颂》也是贝多芬最钟爱的诗作之一。席勒在诗中所表达出来的对自由、平等生活的渴望，也正是贝多芬的最高理想。所以作曲家从年轻时就开始计划着把这部诗作变成声乐作品，根据专家的研究和史料的调查，在贝多芬早期的一些作品中，确实已经有了后来《第九交响曲》即《欢乐颂》乐章并不完整、成熟的雏形。他曾经说过："把席勒的《欢乐颂》谱成歌曲，是我 20 年来的愿望！"从作品的酝酿到完成，第九交响曲倾尽了贝多芬数十年的心血，是他音乐生涯的登峰造极之作。交响曲被公认为贝多芬在交响乐领域的最高成就。合唱部分是以诗人席勒的《欢乐颂》为歌词而谱曲的，后来成为该作品中最为著名的主题。由贝多芬所谱曲的《欢乐颂》合唱的音乐，在 2003 年 7 月，成为现今欧洲联盟的盟歌、欧洲委员会会歌。

我们现在来欣赏其中的一段：

欢乐就是坚强的发条，
使永恒的自然循环不息。
在世界的大钟里面，
欢乐是推动齿轮的动力。
她使蓓蕾开成鲜花，
她使太阳照耀天空，

望远镜看不到的天体，

她使它们在空间转动。

合唱弟兄们！请你们欢欢喜喜，

在人生的旅程上前进，

像行星在天空里运行，

像英雄一样快乐地走向胜利。

欢乐女神，

圣洁美丽，

灿烂光芒照大地。

我们心中充满热情

来到你的圣殿里。

你的力量能使人们消除一切分歧，

在你光辉照耀下面，

四海之内人们团结成兄弟。

2020年3月22日晚6点，当新冠肺炎的疫情在全球肆意横行的季节，德国人通过社交媒体，在柏林，都塞尔多夫，斯图加特，慕尼黑等各大城市，在自家阳台或窗口奏响了贝多芬的《欢乐颂》，为德国人，欧洲人及世界上抗击疫情的人们鼓舞士气。可见这首《欢乐颂》的魅力和生命力所在。

我和席勒的神交要上溯到四十年前，我大学三年级的学年论文。我当时是写马克思的异化理论。异化劳动是马克思在《1844年经济学哲学手稿》中首次提出的概念。又称劳动异化。马克思用它来概括私有制条件下，劳动者同他的劳动产品及劳动本身的关系。他认为，劳动（自由自觉的活动）是人类的本质，但在私有制条件下却发生了异化。马克思认为：人的全面发展是共产主义的基本特征，包括了人的体力和智力、能力和志趣、道德精神和审美情趣的多方面发展和人的自由发展。马克思说："随自己的兴趣今天干这事儿，明天干那事儿，上午打猎，下午捕鱼，傍晚从事畜牧，晚饭后从事批判，这样我就不会老是一个猎人，渔夫或者批判者了。"法国大革命时期，席勒发表美学论著《论人类的审美教育书简》（1795年），曲折的表达了席勒对暴风骤雨般的资产阶级革命的抵触情绪。他主张只有培养品格完善、境界崇高的人，才能够进行彻底的社会变革。席勒提出了"完整的人"概念。他所指的完整的人是感性和理性的统一的人，也是在"游戏状态中"的自由的人。人只有在游戏的时候才是"完整的人"。我对席勒的游戏状态下的人是完整的人这一说法非常认同，并且试图将席勒的'完整的人"和马克思的"全面发展的人"进行比较，从而找到异化的人回归人的本质的路径。时隔多年，对游戏状态下的人克服人的异化仍念念不忘。

今天有机会到席勒的故居参观，自然是别有一番激动。同样不巧的是，席勒旧居也是周一休息。失望之余，我们来到了国家剧院广场。歌德和席勒的雕像矗立在广场，供来往的游客瞻仰。这是魏玛的象征。

这两位文坛巨人在魏玛一起生活写作，留下千古佳话，有如李白杜甫二位唐朝伟大诗人之间的友谊，在人类文化史发出夺目的光芒。

第三次是一次世界大战结束德国结束帝制的魏玛共和国时期。正当我们在为众多的博物馆闭馆而颇为失望的时候，回过身来，看到了魏玛共和国纪念馆。而魏玛再次被世人关注，就是魏玛共和国的成立。1918 年 11 月 28 日德意志皇帝威廉二世由于发动第一次世界大战失败，内外交困被迫宣布退位。1919 年 2 月 6 日在魏玛召开了国民会议，选举艾伯特为总统，谢德曼为总理。同年 7 月 31 日国会通过《魏玛宪法》，正式宣告废除帝制，成立共和国。魏玛共和国是德意志第一个资产阶级议会民主制共和国。1919 年 1 月 19 日，德国举行国民议会大选。包括独立社民党与共产党的左派政党，都是组织松散，结果让温和派夺得大多数议席。议会代表为了避免会议受到柏林的暴力事件影响，改为在魏玛召开国民议会。魏玛共和国并不是正式国名，但人们习惯用魏玛来称呼这个短暂的共和国。

1919 年 8 月 11 日，魏玛宪法产生的第一届德国总统艾伯特确认了魏玛宪法，令它在法律上生效。

魏玛规定德国为联邦正体，主权在民。人民有普选权、创制权。采用责任内阁制，但总统有紧急命令权，德国人民，在法律面前一律平等。原则上，男女均有同等之公民权利及义务。

宪法也规定了德国公民享有的广泛政治权利：如人身之自由不得侵犯。德国人民在法律限制内，有用言语，文字，印刷，图书或其他方法，自由发表其意见之权，并不得因劳动或雇佣关系，剥夺其此种权利。宗教信仰自由。结社自由。总而言之：魏玛宪法制定了迄今为止世界上最"民主"的宪法。

但遗憾的是：仅凭一纸最民主的宪法却没有阻挡希特勒的上台。1933 年 1 月 30 日，兴登堡任命希特勒为新一任德国总理。这一年也就是纳粹德国统治的开始。魏玛共和国仅存了短短的 14 年。

有关希特勒及其党羽为何能在德国迅速兴起，研究的著作不计其数。可以确定的重要一点是经济原因：1929～1933 年，世界爆发了严重的经济危机，作为资本主义强国的德国，也受到了很大的波及，工农业生产大幅度下降，失业人数 1932 年达 600 万人。战败后德国所欠协约国的巨额赔款，高负债，高失业，货币贬值，民不聊生。而民主的宪法催生了民粹主义，民族主义情绪的高涨。在 1930 年的议会选举中，纳粹党迅速崛起成为议会的第二大党；纳粹党所以能迅速壮大，全靠大量工人、失业者、农民与中产人士。在经济低迷的时期，面包的重要性提升，民粹主义也就有广泛的市场。

大多数德国劳工大众觉得，只要政府提供工作，他们就有面包。普通群众崇尚忠诚，勤劳，朴实和爱国。纳粹的口号响亮而鼓动性极强：国家高于一切！

从社会心理学的角度来看，发生经济危机时期，社会大众普遍期待能有一个非凡领袖式的人物站出来引领大家共渡难关。这种社会心理通常被称作"领袖魅力"心态，即大家的潜意识里都希望有这样一位强人或圣人出来，所以当希特勒出现之后，德国民众对其的反感，远小于一个正常现代化社会民众应有的反应。

纳粹成立宣传部，控制了全国的一切媒体，对社会的每一个角落进行全方位的轰炸式宣传，让人们坚信"希特勒思想"是能够引导德国重新崛起的唯一正确的思想。纳粹主义接班人必须抱有这样坚定的信念：个人没有自身价值，一切必须服从国家利益。而所谓的国家利益是什么？就是纳粹党的利益。

而纳粹又反过来通过控制宣传机器，钳制一切反对思想和言论来对大众进行洗脑工程。

什么是洗脑呢？用一切手段将符合自己利益的虚假错误的认识和思想，灌输给他人。洗脑的结果是，被洗脑者丧失了独立思考的能力和批判能力。

二战期间纳粹德国宣传部长戈培尔有句名言：谎言重复千遍就是真理。

所有的德国人都不知道充斥在收音机，报纸，杂志里的说教和宣传是谎言吗？不然。但悲摧的是：无人敢站出来大声呼喊：假的，假的，这是皇帝的新衣！

这是高压加洗脑的必然的结果。其结局是德国人民成了炮灰，为纳粹的疯狂付出了沉重的代价！二次大战中德国有 800 万人死亡。

站在'魏玛共和国纪念馆'里，看着当年的照片和文字介绍，为魏玛共和国宪法未能阻止纳粹的上台而陷入久久的沉思……

第二次世界大战结束已经 80 年了，世界文明进入到一个新的阶段。但人们似乎已经忘记了这段历史，但'魏玛共和国纪念馆'和魏玛附近的布痕瓦尔德集中营（1937 年至 1945 年，此处囚禁了大约 25 万人，5.6 万人被杀害，其中有犹太人，吉普赛人，德国政治犯以及苏联、波兰等国的战俘）的遗址又在时刻提醒着：如果人类不时刻提高警惕，历史悲剧的重演就有可能。前事不忘，后事之师。借用一下捷克作家伏契克《绞刑架下的报告》的一句话："人们，我是爱你们的！你们可要警惕啊！"

我们怀着沉重的心情，在明媚的阳光下离开了魏玛。但一刹那间，似乎觉得魏玛可能从此永远和我们同在了。

（写于 2020 年 3 月新冠肺炎在全球猖獗横行之际）

纽约日记选

朱其

2月1日

经过 16 个小时，终于在最后一刻到达纽约，又看到时代广场的大屏幕群。相信中国一定会劫后重生，我也将为中国的重生奋斗！希望所有国内的朋友们保重，一起迎接重生之后。

2月3日

突然之间，因为一个大事件，许多之前犹豫不决的计划，在仓皇之间提前实施了。每天都会有超出日常想象的事件，在仓皇离去之刻，甚至是以张爱玲拎着箱子跑路的义无反顾鼓励自己的。而今，真的看到她的仓皇身影背后，历史的大门砰的关上了。我的满屋子的书，都未来得及带走一本，感觉被时间贴上了无启封的封条。以前在小说和电影中发生的大历史的戏剧性，瞬间变为了现实。历史会因此拐弯吗？有时我们主动寻找意义是徒劳的，历史随手把你扔进另一个轨道，在不知所措的适应中，意义就被重生了。

2月13日

明天就是来纽约两周了。这次不是以游客身份，而是像 20 年前刚到北京的客居者。两周里，穿梭于纽约的地铁、大学、书店、披萨店、超市、巴士站，感受最深的是眼前不断晃动的来纽约奋斗的各种族的面孔，白人、黄种人、黑人以及褐色的墨西哥人。由最初的陌生与恐惧，逐渐开始欣赏人种的多样性，以及大家共挤一个城市摩肩接踵的奇妙感。在纽约，不仅超越了种族主义，也超越了美丑，我开始喜欢本来觉得难看的各种人脸和身材，将他们看作一种个性和丰富性。纽约当然两极分化，但纽约对底层特别有温度，地铁无论多远都是一票制 2.5 美元，超市里为穷人准备了不收税的廉价熟食。纽约的伟大在于成功的做到了种族平等和融合，可能在国家权力上白人处于优势，但来自各个文化和种族的人们，彼此建立了真正平等相处的文化，这是任何国家做不到的。

2 月 17 日

这几天到处在看纽约的地段，隔几天换一个地方住，看哪个性价比高。结果发现一个规律，底层的穷人和流浪汉，都往两个地方聚集，一个是符号性的权力中心，像第五大道、百老汇大道、时代广场等，要么就往较脏乱差的聚集区跑，他们很少去介于两者之间的有教养一些且干净整洁的区域，也许这是动物本能吧，一个是向往的权力中心，一个是气味相投的同类区。其实在中间区域更具有一种人性的发展方式。

2 月 27 日

在朋友的哈德逊河的森林 House 住了几天。这几天有两个感受很强烈，一是中国的风景其实比美国丰富且很多地方远甚之，但一栋让人幸福安定的森林住宅，至少要达到四个指标：自然环保，建筑家居设计，现代日常生活的工业设施以及私有土地产权制度。

这一个月参观美术馆，前天跟纽约的朋友说，中国艺术家的智商、情商、勤奋甚至少数人的知识背景，并不比美国艺术家差，甚至高于他们。但我们为什么做不好作品？而他们总体资质一般还有不错的作品，原因只有一个，即制度的自由轻松的氛围。

就像我到了纽约，脸上笑容逐渐自然展露，所有的焦虑都消失了，在北京因为空气不好的喉咙干咳也没了，所有从小区、地铁保安往上的各层级管制带来的尊严和憋屈也不存在了，这种自由清爽轻松的感觉，有时要胜过智商、勤奋和知识的意义。

3月3日

我们在国内一半精力是花在政治和社会的反应和应对的。而在民主的自由环境下，可以回到自然的纯粹状态。国内也能凭意志进入纯粹，但这不是一个自然状态，是靠修养自我迫使的，价值只能定位在苦大仇深的抗争美学，做不了纯粹的学术和艺术。

3月6日

在哥伦比亚大学书店淘了一本艾兹拉·庞德的中国古诗翻译。庞德译诗的有趣在于，他是根据美国东亚艺术史学者菲诺罗萨的英译的再翻译。菲诺罗萨译了一遍汉诗，但属于直译，文法也较生硬，庞德在语句上替菲诺罗萨重新整理了一遍，且把汉诗直接语句中没有的的言外之意，也补充了进去。可算一个转译经典案例。

3月7日

下午在 Columbus 街碰到一个白人老哥，在微冷的凉风中摆书摊，一看书把我给震了。全是干货的，有德里达、拉康、尼采，还有一些中国古代文学的英译本，甚至还有一本英文版周恩来选集。老哥看着就是一个边缘老书生，气息跟我特别有缘。我问，这些书是否你的藏书，他说这倒不是，大都是从纽约大学的老师那儿收来的。他天天在这儿，如果明天来，还有 CD。老哥就像我前世的大师兄，在冷风中摆摊，我怎么得意思一下，买了一本《现代主义艺术理论文选》，不同时期单篇理论代表作都收了，从波德莱尔到格林伯格。才 7 美金。

3月8日

在美国一个多月了，纽约也有了一些疫情氛围，前天去切尔西参加画廊活动，大家都取消了握手拥抱礼节。但美国人总的还是淡定的，除了个别华人，纽约的公共场所几乎没有人戴口罩。这可能出于两个原因，第一，美国人认为，如果认为自己有病或害怕染病，就不要出门；如果没病或不认为会染病，出门就不要戴口罩；不要弄得又要出门又要害怕。另外，美国人觉得戴口罩就像伊斯兰妇女戴面纱，一个人躲在面具后面，是不尊重不信任别人的表现。第二，美国专家几乎一致认为，重要的是洗手，而不是口罩，口罩的防护作用是有限的。

我是认为面对疫情不必过度恐慌，人自有天命，适度谨慎即可。从文化心理上看，按理说中国人是最应该讲天命的，现在不但变成保命一族，而且没有心思在家里做其它有意义的工作和学术事情，就是转疫情贴度日。这不是一个优秀民族应有的状态。这次美國人作为一个基督教民族，倒是体现出知天命和科学双重的淡定和理　性精神。在指责官员和权力不作为的同时，每个中国人也应该反省　自己在这次大事件中，为何会变得如此惶惶不可终日，该来总会来，关键是每个人的内心不要自我溃败。

3月13日

今天看一个旧视频，在国会弹劾川普时，记者问议长佩洛西，你是否憎恨川普。老太太当场怼回，说我出生天主教家庭，在我的成长中，从来没有憎恨任何人。直到现在，尽管在弹劾总统，我也一直在为他祷告。我倒不觉得这是套话，多一个爱的制高点，站在一个可怜对方的优势继续各种改造社会的斗争，有什么不好。基督教的爱，甚至比儒家的仁更高一层，仁只是修养气场层面，爱是天然无修行的信仰层面，不用儒家搞得这么复杂。

3月24日

以前喜爱曼哈顿的高楼大厦，这次隐居 Catskill，喜爱起坐着写字桌或躺床上，群山一望无际白雪尽收眼底。

4月14日

一个月没有下山，逐渐习惯了平静的隐居生活。Catskill 环境很美，对自然有了以前未曾真切的体会，也对美景的抚慰有了依存感。

翻译了两篇译文，一篇零派介绍，另一篇丹托的摄影评论进行中。每天读几首寒山的诗，有点世外偷生之感。屋前的草地上，时有野鹿、火鸡出现，有一天老鹰几乎贴着玻璃从屋前飞过。

最近一周天候多变，风霜雨雪雾阴阳一日交替。因为赖觉，只得欣赏远山的黄昏，偶而落日红似火，开屏般骤现骤灭；时而又灰调的云海，透着离世的空寂。

在空山草木野禽间，与友人一家朝夕相处。数百公里之外的纽约，正在另一种方式的第三次世界大战，彷佛在另一个平行时空。世界被分割成了大小不同的时空，Catskill 好像被罩在护层内的空山，在朝朝暮暮的时光交替中失去了时间。

每天传来颠覆想象的信息，由于彼此隔离，信息世界反是一个超真实的时空。真实的国家变得遥远，与友人每天会讨论一些大历史以及神秘学，包括转世、超验、通灵、中观、神智，以及艺术何为？

5月3日

今天与友人驱车三个半小时，来到靠近加拿大的佛蒙特州的小镇 Cavendish，索尔仁尼琴曾经在此隐居，从 1976-1993 年住了 18 年，在这个小镇上写出了鸿篇巨制《红轮》。国内目前翻译了 16 卷。由于索尔仁尼琴入住之初，跟当地约定，不在小镇上公开住址，因而至今无故居的旅游指引牌，几乎所有来此的朝圣者铩羽而归。可能住宅在山上的森林里，我们找了半天也未找到。但不枉此行，索尔仁尼琴流亡美国期间，一家四口（二个儿子和一女儿）在此过着平静的生活，他每天工作 16-18 小时，除了偶尔接待记者，自我隔离 18 年，写出皇皇 20 卷《红轮》。俄罗斯精神可见一斑。

5月5日

与友人驱车三个小时，到了康奈尔大学。康奈尔大学有诸多建筑大师杰作，如贝聿铭于 1973 年设计的赫伯特·约翰逊艺术博物馆、里查德·迈耶设计的基因实验楼、库尔哈斯设计的建筑系密斯坦因楼，以及 Morphosis 事务所设计的盖兹中心。康奈尔大学是世界上最美的校园之一，当年胡适、林徽因、梁思成、冰心都因庚子赔款来此留学。胡适于 1910-1918 年在康奈尔大学呆了 7 年，他的《留学日记》就是记述康奈尔大学的日常生活。有意思的是，胡适还修过美术史课程，他在 1912 年 9 月 27 日记道："美术史一科甚有趣。教师 Brauner 先生工油画，讲授时以投影灯照古代名画以证之。"今天到了胡适日记中提到的 Uirs 藏书楼。美国及西方的大学与中国不同在于，许多名牌大学并不是与中心城市捆绑在一起，而是远离中心城市的独立的大学城，就像一个独立于政治的乌托邦城邦，却以自己的精神和知识力量辐射世界。

5月8日

　　昨天在 Art Omi 参观实验雕塑中心，与友人讨论，西方艺术家并不一定都很有思想或理论观念，但有些东西是中国艺术家先天缺乏的。第一，看艺术史的原作，而且看得系统，就可以从感性上知道开拓点在哪里，而一半中国艺术家都没有出过国，主要是看图片了解艺术史，而且图片也看得不全，所以中国艺术家没有整体的谱系视野，看图片也很难搞清楚问题的感性点在哪里；

　　其次，像美国艺术家不一定理论好，但动手能力强，他们的语言切入点都是技术材料上的，这是因为他们在上美术学院时，有十几种材料工作室可以练技能，比如铸造、木雕、3D、纺织、铜版、陶艺，不管选哪个专业，只要想学，学校都是开放的，而且免费提供材料。中国的年轻艺术家在美院就缺乏技术材料训练，跟物质条件不足有关；

　　第三，西方尤其美国艺术家，许多人的艺术创造，也不一定就是理论推理，作品语言更多是来源于生活环境的日长岁久的综合感性，形成的想象力，而且在土地私有制、法制和自由氛围下人的轻松状态，这些都会变成作品特质的一部分。而这种日常生活带来的自由放松和奇思异想的想象力，又能很随意的流露出来，中国艺术家是做不到的。

　　中国艺术家不乏钻研思想理论，胸怀大志且异常勤奋的，禀赋也不错，但上述三个方面，往往先天不足，所以感觉中国艺术家把自己逼得很累，但作品没有什么创造性，无论艺术史论视野的观念，还是源自生活的想象力、放松和技术感性，都没有形成创造点，基本上就是把国外的语言方法和风格改头换面一下。

　　另外，过于从民族主义和国家主义思考问题。作品还没有做，就在想如何做中国特色或民族特色的作品。这种思维方式其实是受政治宣传的潜移默化影响。艺术在作品形成之前，首先应该考虑的，是作品本体的语言什么、以及普世的人性和价值观认识是什么，只有当作品完成之后，才去评估这个作品的民族地位或国家价值。但在作品完成之前，就先验的假定要做一个中国特色的作品，这实际上约束了自己的思想。

5 月 15 日

　　最近在山里跟友人聊。人的思考跟所处的位置有极大关系，在北京会想中国怎么办？或如何创造中国特色；但在纽约，会想人类或地球怎么办？并不需要思考如何做美国特色。因为想清楚了人类或地球的问题，就等于是美国特色。就像古代中国的文人，当时并不需要去思考中国特色是什么，儒家文人想的是"天下"的概念，天下想清楚了，就是中国特色了。当开始想地方特色的时候，实际上就是一个弱者的视角。中国什么时候开始以中国特色为思考中心，实际上就是从鸦片战争战败以后，开始由天下思考缩小到中国特色思考。政治是从实际出发的，政治意识形态当然也要求地方特色思考。但文化和艺术是有超越性的，它从普世出发的，在建立了普世的基础理论之后，再用普世思想去分析地方问题。在思想上，普世性与地方性应该是这样一种关系。如果基础思想就从地方特色开始，那就意味着一个文人或艺术家受了意识形态影响，失去了超越性的独立思考能力。

日记（毛毛作品）

何为知识分子?

胡赳赳

　　首先，知识分子应该探索真理。然而，"现代性和大屠杀"迫使现代知识分子"反思"和"批判"政府和权力机构的有效运作。因此，知识分子不得不将"书斋"和"实验室"移位至某种现场——因为"形而上学"遭遇到命运的"大清洗"。圣人言"颠沛必如是，造次必如是。"

　　这使得知识分子发展出了一门"批判学"。这门学问是为了"公共利益"。也就是说"反者，道之动也"。"批判学"或曰"反学"，其"话头"始终指向"强势群体"。因为强势群体易于产生"马太效应"。"他有的，必给予他更多"。老子言"人之道，损不足而奉有余"。而天之道呢，则要"补不足而损有余"。"批判学"即"损补"之学。也就是传统而言的"替天行道"，为弱势群体立言。

　　然而这中间需要细分：一是对于"真理"或"道"的"可靠性把握"——你认为的真理可靠吗？也许它是遮蔽的手段，更或是蒙蔽的武器。再浅显一点而言，它可能是以偏概全的，也就是"局部真理"。如同"白马非马"一样，局部真理不是真理。它始终面临着这样那样的危险。因此这不得不促使知识分子保持不间断地反思：如果谁要登上神坛，那么就应该把它的幻像打碎；如果自我登上神坛，那么完全有必要自我粉碎。"神坛"意味着幻想花园，意味着一个麻醉品，它更多的是致幻功能。它无可救药的扮演着"自我欺骗"和接下来的"真诚欺骗他人"的工具。这样以来，保持头脑清醒和自觉意识，是一种在危险边缘喃喃自语的自我救赎，貌似在向大众发言，实质上是内心独白，是一种当"真理被挪用"的危机意识。只有平素喊"狼来了"的那个人，才会第一个发现狼真的来了。尽管此时众声喧哗、众人麻木。甚而会愤怒的指责知识分子"召唤"了恶狼的前来。并因此而受到火刑或腐刑的诅咒。

也就是说知识分子必被赐之以毒药。因为一不小心，他就会说出真相。而这个真相是"此在的难堪"。知识分子佐身于欺世大盗、丛林冒险者和盲流之间，他手无长物、他私心和自恋情结严重、他懂得冒犯之美、他奏出一个不合时宜的可笑的音符、他面对迷宫没有走出智性小径，而是因为充当看门狗惨遭驱赶，惶惶如丧家之犬。

而知识分子必须警惕自己变成"权威者"，知识的权威或德性的权威。权威的增加意味着威权的来临，而威权则意味着你的一举一动都会牵引到若干生命的幸福。但又实在没有一种科学实验可以把握好其精密的配比。威权最大的恶果是"棍扫一大片"。在决策上的差之毫厘，经过层层振荡和放大，在执行层面就会变得失之千里，"箭夭在飞行／而目标远大充满阴影"，我必得用诗人的口吻这样忠告。

需要细分的另一个则是：强势和弱势是在变化和转换的。因此知识分子对于"立场"要不断地调整。如果终身坚持一种"立场"，或许会酿成苦果。除非这个立场是"始终站在弱势的这一方并且洞明弱势的转换"。当罪大恶极之人被绳之以法的时候，其生命权就成为弱势的，此时，不宜站在群众的一边；当911发生，美国就成为弱势的一方；而当某个士兵误杀了平民，则双方都是弱势的；即便他准确地结束了一个恐怖分子的生命，双方仍都是弱势的——此时，强势的士兵并不认为自己弱势，但他仍是弱势的。这是知识分子的使命，当知识分子仅只拥有微弱的声音时，他仍然是强势的，因为他明晰地洞察到整个生态的肌理。如果继承麦克卢汉的"冷媒介"和"热媒介"理论并想有所创新的话，知识分子应该说，我们有必要用一种"冷媒介去介入热媒介"。

但是知识分子在现世或当下又的确是弱势的，当他沉默时，他便成了弱势的。"沉默的螺旋"或"沉默的大多数"，有时不是甘居弱位，而或"犬儒"或甘地倡导的"消极抵抗"，而是——甘居弱位意味着"心理强势"，这是一种"引而不发"的状态。知识分子必须明了，消极沉沦和自暴自弃，与"养晦之学"有着重大区别。因此，对于洞悉某种"天机"的知识分子而言，发言和不拟发言都是强势的，只不过沉默时是被自我包装下的"伪装的弱势"。

知识分子拥有"知识资本"或"智力资本"，何曾真的弱势过。一个人格强健的人不可能弱势，他的尊严在召唤他并且唤起他的内心驱动力。然而我们很少见到这样的人，换句话说，即便见到也不会承认，因为这实在是个荒诞的笑话。

文艺复兴开创了现代性，现代性知识分子以"人文精神"拿回了话语权。从中世纪的教皇那里拿过来了许多权利：身体的属性、自由的属性和权力的属性。"上帝已死"不过是"遇佛杀佛"。这时，"人文精神"变成强势的，难道它不应该被批判吗？当你拥有自由时如何使用自由，自由的边界有遭到滥用吗？为什么"自由"和"特权"会互相歧视？

知识分子不得不浪费很多时间来进行口舌之争，这是一场无妄之灾。相信真理可以辩明和真理不可辩明以及真理是不辩自明的三者之间，就可以无休止的讨论下去。事实上他们摸到了大象的头部、腹部和尾部，他们从不同的"法门"进入，如果得到"受用"的话，都可以无限接近真理本身。

然而这样三股力量互相缠斗的话，拥众盛集，彼此攻讦轧诈，于是则又演变成为宗教或政治的血腥。这种可能性说明人类的心智远远不及成熟，就迫不及待地要干掉异见者，"弑兄"在历史上是更为可怕的事故。

这种可能性还在于：信仰无处不在。简单而言是信念。当你反对信仰时，"反对信仰"即是你的信仰。每个人的"出厂设置"，受其经验、知识和文化浸泡的影响，终而形成自己的思维模式和心理定式，一旦成熟，则拥有自信；然而于此同时，"自信"具有"排他信"。异见者的信念，是难以进入自我的操作系统的，无伤大雅的软件可以，而硬件的改写则会使系统死机和溃崩。"心灵的开放"意味着你必拥有更高的"兼容性"。知识分子的终身学习，既需要软件的更新，也需要硬体的扩容和升级——后者更为重要，它是"集义之学"或"心灵之学"的范畴。

知识分子很难真的意味到"变化"和"不变"的规律。他们要么认为农耕文明的一切都过时了，要么认为技术和工具是改变世界的最可靠的方法，要么认为人性的进化很缓慢，有时还以为制约短板可以保证人的高尚，或是错误的估量了——"用一把尺子"刻舟求剑地仗量脑海中想象的图景。

尤其是在当下，似乎"变化"比"不变"的事物要多。拥抱"变化"、洞察"趋势"，成为一种绝对的信仰。比如对于人工智能、长生不老、无性生殖等等领域，科学的发展甩了哲学几条大街。技术知识分子比公共知识分子要有魅力而且实惠得多。公共知识分子常常是那个泼冷水的人。甚或其中的大多数表现得穷酸而迂腐，一如他们所批判的遗老遗少一样，一如他们所要粉碎的旧世界一样。随着时间的流逝，批判大众的"知识人"终于变成了大众的"批判物"。这便是批判的力量，所有的指向最后都会回到自身。

无论如何先锋，终将变得陈旧。其中好的部分将被称为古典。"知识人"是保管知识的人，最早是口传心授，依靠记忆。后来有了文献，则记诵过时了，通读文献形成百科全书学派，"无所不知"或"给每一个问题安上一个答案"（当然有些是抚慰性质的）成为知识人神圣的追求。然而这一路也随之过时了。因为有了电脑检索，有了云上的大数据，每个人都可以很方便的查找答案。其弊端是知识越来越碎片化，而其好处是人对知识的依赖，不再通过求问"知识人"而得解。免费、共享、自我学习与成长成为可能。

然而事物的发展朝向并不依靠这种简单化的描述。人们仍然艰难的发现，在这样一个过程中，"心流"的耗散相当之大，"专注力"成为稀缺资源。大脑需要挣扎着面对"多线程式处理信息"。

与强大的互联网博弈时，人们被汹涌地推向信息孤岛，人成为一个"体系"的可能性少之又少，只有那些杰出意识的人才有可能避免被撕成"碎片"。掌握"体系"的人控制着那些成为"碎片"的人。这便是我们这个世界的真实面貌。假如知识分子不揭穿或指认这样一个事实，假如他不大声说出来，那么"碎片"是不会主动去寻求体系上的融合的。

不要认为那些在看书的人都是知识分子。知识分子必须建有知识体系。看书的人也可能是将阅读作为消遣或自娱，而或一种生活习惯——他认为是良好的。只有按体系去看书的生活习惯是良好的，如果不耐可以辅之以消遣式阅读。因此知识分子必须花在独处上的时间非常之长。他当然享受这种独处。因为与伟大的思想或知识相处，知识分子获得的安宁是至高无上的。这个时候他是否对世界发言已经没有那么重要，甚至是毫无必要。因为在智慧之学的层面讲，你不应该改变世界，而是改变你看待世界的方式。"溥天之下，莫非王土"。此"王"是"哲人王"而非现世的国君。

因此并不是每个人阅读卡夫卡时都有那种卡夫卡的心境，他说："我没有必要去世界上走动，我只需要安静地坐在书桌前，世界会聚拢来在我面前扭动。"人和世界的关系是可以打破的。人不是世界的一部分，而是世界是人的"六感"的映射。当关闭掉一个个体时，对于他而言，这个世界是不存在的，这就像熄灭了一个幻灯机——尽管其他所有人的日子要照样过，朋友有了新朋友，旧欢有了新欢。

如果抛弃人类中心主义的观点来看，一只狗眼中的黑白世界和你眼中的彩色世界是同样的吗？而到底哪一个是真实的呢？可见，并不存在一个纯粹客观的世界，或者说，一个纯粹客观的世界是"起码"的，而一个纯粹主观的世界是"无穷"的。

如果科学家不在他的发明或发现中注入"信仰"，即"坚信"科学是改变世界的第一推动力，那么他将徒劳无功。所有人类之间的冲突皆来源于所"坚信"的事物不一样。或者说，是"排序"的不同。因此"心理排序法"诞生了：将什么最重要排在第一位导致了家庭的冲突和成员的误会。而这在程序员看来，也不过是"算法"，这种算法是可以计算出来并回避或解决冲突的——但他同样相信，这并不能制止新的冲突的蔓延。

正是由于"主观故意"，"客体"被发现或发明了。假如没有身躯这具"客体"，也就没有了"主体性思想"。因此，东方的知识分子很早就阐明了"心物一元"的道理，有时表述为"心能役物，而不要为物所役"，有时表述为"心能转物"或"境不夺心"。而"物我两望"到"物我两忘"则有李白的表述"相看两不厌，唯有敬亭山"。尽管历来这被认作是一首情诗。

对应中国知识分子，有过时的称呼"士""大人"或"君子""士大夫"。但是中国知识分子历来都是兼职的，很少有专职的学者。他们要担任官员，处理地方政务。他们是政教合一的。或者说是权力和学识合一的。他们进入了"权力中心"，在这个"体系"中，精英保存了文献物证；而老百姓则有民间的一套"体系"，他们通过山林、江湖、庙宇、宗祠和家族保存着一套"践行"和"实证"的仪轨、礼节、变文、唱辞、节气、规范、图腾、巫医、戏闹、渔樵。孔子言"礼失，则求诸野"。中国四大名著，除了红楼梦是贵族书，西游、水浒、三国都脱胎于民间。

"民间无智"是历来的一种误认。也是一种高高在上的傲慢。旧时是权力中心主义，而今时是学院中心主义。而"不识字则无智"是另一种误认。因为"践行"是另一种智慧，知识分子知十行一，而民间人士则知一行十。"庙堂"和"江湖"是中国知识分子的天平两极。达则庙堂、兼济天下；穷则江湖、独善其身。这一套知识分子的立身处则，使其处在达则为儒、穷则为隐的局面下，也可以称之为达则大乘、穷则小乘。达则飞龙在天、穷则潜龙在渊。

然而求真又是这样一件事体：

真是艰难的
真是受蒙蔽的
真必须被追寻

真难以耳闻
真少有简单
真难以显化
真是必要的
真不能被覆盖

中国知识分子强调"求善"，以善而求"真善美"的统一；西方知识分子强调"求真"，以真而求"真善美"的统一。这是两个不同的"法门"，也是中西文化比较的"根本因由"。求善故发展出"伦理学""秩序观"，强调"关系律吕"的和谐；求真故发展出"科学""逻辑"，强调忠于自我和客观示现。而二者的"法弊"也在于，力不济者，在中则落于"伪善"，在西则陷于"自私"。

然而正如"佛性不分南北"一样，学术也应"无分东西"。二者只有"法门"不同，根本则是究竟一致的。唯物和唯心，是一枚硬币的两面，各执一端；有神和无神，也是一枚硬币的两面，各执一端；专制和民主，何尝不是一枚硬币的两面，各执一端。专制是"权力的集中"，而民主是"权力的分发"。专制和民主牵扯到"权力的让渡"。如果没有美国建国的三位"圣人"将权力分发下来并制度化，而今的美式民主也实现不了。美式民主是靠集权将"自我解体"分发下来的。也就是说，圣人将自我解体，全民获得新生。

国运必得有圣人出。但民主制度的确是人类迄今为止最伟大的发明，也是厚积而薄发的最优胜果。如果不去采摘它或品尝它，则会成为保守或倒退的力量。它不是"好"或"坏"的问题；也不是"应该"或"不应该"的问题。它是一个信念，现在也可以称之为"意识形态"。如果没有这种信念，坐井而观天，认为天下之大，无出乎其井，则固步自封，哀叹终老。

专制有专制的好处，每人手上都有点"特权"。既便小区看门的"保安"，也有权力让你进或不让你进，可以用任何借口。因此，"特权"并不仅限于上流阶层，"特权"意味着每一个操作者都有改变事物轨迹与方向的可能。如果不深谙这种"特权"，在中国将寸步难行。

"出人头地""望子成龙""人上人"就是这种希望拥有更大特权的心态。既便他们送子女出国上学，也是这种心理作祟。因此一定要上名牌大学以及消费其它时尚名牌。对于中国知识分子而言，他们最苦恼地是，"特权"意味着"幸福"，而"民主"意味着"不幸"——当所有人拥有一样的权力时，这实在是毫无快乐可言。这便是"不患贫，而患不均"的思想现实版。然而"机会不均"又非常容易引发愤怒、不公等社会情绪，于是社会充斥着戾气则毫不令人吃惊。

由于整个世界在加速度地发生"变化"，三年是一个时代，"资本"涌向哪里，哪里就热火朝天，而其它地方则如水清冷。这真有"冰炭"之惑。知识分子也可以做热闹事，也可以做寂寞事。这有点像轮盘赌，你既可以跟热点，也可以等待爆冷。但是你必须清楚自己是否乐于这种玩法，或是否享受投机。

但知识分子不愿意过度拥抱变化的原因也很简单：变化当然刺激、但未免过于劳累。而且也极尽空虚。灿烂烟花于一瞬，而漫长的制造、等待以及打扫的时刻该如何度过呢？

或者说，那些不变的古典知识和教条，真的过时了吗？真的"不合时宜"了吗？不变的"内核"是否还在？是否还可以指导我们的内心？生活图景已经分崩离析，内心图景也将一片荒芜？我们说出"精神家园"时就显得那么可笑吗？

答案是否定的。这个问题也显得粗浅。真正的知识分子早已超越了这种犹移不安。这或许是知识或智识的好处，孟子言"学问之道求其放心而矣"。获得内心的"当下轻安"，远离"焦虑、纠结和挣扎"，但又不是"麻醉"或"自欺"，自我意识保持"清醒"和"觉照"，这便是知识带来的"受用"。至于知识是否可以带来"知识经济"或"知识生产"，那是工具化的应用。因此，那是技术知识分子该将其从事好的事。

"拥抱变化"固然很好，也很正当而必要。然而那些不变的知识、恒远的典故和无用的说教，则构成了另外一种吸引力。人的力量的源泉非无中生有，而是在那些"不变的经典"中存放。当你前往悠游，总能有所收获。变化使人兴奋而疲惫，不变使人平静而恬淡。一味地强调变化或一味地强调不变，都会落于"边见"，也是思维简单而片面的明证。

而摆脱这种思维上的幼稚症，看事物既能穿越复杂而穷究其理，又能从简单事物中提取丰富而多变的信息量，则是知识分子的份内事。因此，知识分子要做翻案文章，提供新的"视角"，抽掉或增加一个"因素"，知识分子用"误解"无限靠近"正解"。

顾炎武说北方人"饱食终日，无所事事"，而南方人"群居终日，言不及义"。他对知识分子的批判涉及到两个重大的问题，前者为"行"，后者为"知"。北方人懒于"行事"，南方人懒于"集义"。"义可顿悟，事须渐修"，知和行二端，都是知识分子要从事的。以言论为事，言论即行，言论是知行合一的；以教书为业，教书即知，教书是知行合一的。以农耕为事，节气即知，农耕有其知行合一；以互联网为事，谷歌的理念"更好的搜索是为了更快的离开"即知，互联网有其知行合一。然而中国的互联网业可悲在于，它很大程度上只是个"流量业"。这便是"不知"或"不智"。虽然在互联网，仍然是做原始的生意。拥抱变化的人，看到的是不变。

从事深度的思考或深度的工作，这是知识分子该做的事。浅阅读固然能快速消化快速应用，而深度的读书、写作、思考并不应该被废弃。恰恰相反，作为"专注力"的代表，它演变成了一种"稀缺能力"。世人的专注力缺乏，而知识分子可以胜任这种脑力和思维的高强度。

他的写作，不应是短期有效的，而该是长期有效的。他也不是写给外行看的，或许只有一小部分人在关注他的写作，并且产生共鸣。但这一小部分中的某几个，能够读懂，甚至认证他的思想。这便达到了马尔克斯所言的境界："假如我是一个高速运转的、高智力的、高心智的这样一种大脑的、心灵的运转状态，当我遇到另外一个同样是高度运转的、活的、心智智力很高的、带着问题意识运转状态的对象的话，我能够一眼就认出他。"

"印证"并非是佛教的专有名词，"检选"也并非基督教的独有现象。应该来说，"印证"和"检选"无时无刻都在发生中。当你不再嫉妒那个曾经嫉妒的人时，印证发生了，至少你可以平视他。而平凡的世界充满了各种"相认"。如果我"认"你，那么我会与你合作，给你各种机会，不遗余力地推荐你。假如一旦识破某种作伪，那么则所有的机会都不存在了。"印证"即是人与人之间的"信任"。这种"信任"涉及到方方面面，也是信念的发生形式之一，也是能量的源流。

而在知识分子之间，"文人相轻"则是"印证"的反义词。谁也不服谁，互相不对付。"文人相轻"说明了二者的思想境界差不多——都不怎么样。至少谁也没有比谁更加包容。心量的狭窄说明了知识分子、某种文人的未来行之不远。"风物长宜放眼量"，朱熹强调这一点，正说明这一点在尘世的欠缺。

"检选"着重于结果，我们无时无刻不处在"检选他人"或"被他人检选"之中。我们检选朋友、伴侣、合作伙伴。检选一个餐厅、一个旅行地点、一本书。我们盘算让谁入局，带谁一起玩或不带谁一起玩。我们参加这样的场合也是因为，深知这种检选式的身份很重要。要想获得上帝检选，自然是需要自我完善的，这样才能接近完人的状态，以便得以上天堂。

这些都是朴素的真理。然而心理学家发现，我们所有的负面情绪，正是来源于对我们不完美状态的恼羞成怒。我们有拖延症，正是因为我们不能将手上的工作自如地做得完美。我们焦虑，是因为我们过份地乐观认为自己本可以做得更好、更到位。我们挣扎，也是因为有个假想的完美自我，无所不能，在前面等待，能将家庭、事业和前途都摆平。因此，我们制订方案时，往往超越了我们的实际能力。

心理学家，心理知识分子告诫我们：惟一完美的状态是你接受自己是不完美的状态，然后再去着手改变他——不要不服气。因此你要"臣服"于自己的不完美。如果你因不完美而产生了负面情绪，你便没有活在当下。接受它、改变它，这便是活在当下。所以诗歌知识分子泰戈尔说："如果你错过月亮时流了泪，那么你也将错过群星了"。因为你把"错过"当成了"当下"。

我们的知识分子有时显得过于焦虑。强烈的现实关怀与情怀使他们顾影自怜、借酒消愁。这便给大众提供了借知识分子消愁的可能性。万物一体的，"社会塑造"是彼此之间"互塑"。知识分子藉由观念的流行"形塑"着大众，大众也用褒贬来形塑着知识分子的形象。某种观念的深入人心，一定是双方共谋的结果：知识分子说出来的话，正好是大众觉得可以拿来解决问题的。至于具体解决了问题没有，那是另外一回事。

所以说知识分子在不停地制造"业"，制造"概念"，制造"术语"。有那么多的现象需要总结，有那么多的观点需要反驳、修正与升级。"历史终结""历史的终结之后""后历史的终结"等等，其中当然有思想的，但也可能这思想是有流毒的。凡有思想，必有流毒。马克思－斯大林－毛泽东的理论是极其纯洁、高贵而纯粹。纯粹到只能停想在思想层面，一旦执行起来，则可能面临着一场大清洗、大运动或将"阶级斗争"无限扩大化——事物总是倾向于走向它的反面。那些将党派的思想性置于"人性"之上，最后诱发出"人性"的阴暗面，是一件极为可怖之事。人性的两面，向上为善，向下为恶。如果一味向下诱导，最终的结果是导向"礼崩乐坏"。"品牌"的建立需要无数人的心血和循循善诱，以善来诱。而"品牌"的崩塌则往往是一夜之间。"印证"和"检选"在每个人的内心发生。所以，他没有的，更不必要给他，因为这是神对他的考验；他已有的，必给他更多，恶不积不足以灭身。

知识分子的确不应该被概念困扰，但是他们又不停地制造概念。并且他们被自己制造的概念束缚手脚，甚至于沉溺于概念、为概念命名、为概念正名、用一个概念覆盖另一个概念、用一个概念颠覆另一个概念，在概念的层积岩中，攀登具有史诗意义的高峰。

假如这其间没有一个具体的个人的感受和觉知，这些概念不过

170

是颅内高潮和空洞思想。但知识分子常无视这些，他相信百年以后、千年以后，有一个人会揭竿而起，将他的思想发扬光大、具体落实。

因此我们的知识分子又是可笑的，他的想象力过于发达，也过于乐观。他常常梦见自己在历史坐标中的地位，并不免为此而打起小算盘。他盘算着有几个可以称得上对手的朋友，并认为自己已经到达一无所求的境地。在这一刻他既不求真、也不向善。这一刻是个精明的个体在用大数据分析自己将来的"意识"能在世界上保存多久。这是另一种意识上的长生不朽。

然而我还是希望知识分子不要闭上他们的嘴巴。一个书读多了的人，免不了要多说几句闲话。这几句闲话，无益则可当耳边风。有益则自可受用。我想终归是无伤大雅的事。公共知识分子改变不了这个世界，智性的力量越强大，反智的力量也会越强大。因为两股相对的力量一定是互相消长的。老子言"智慧出，有大伪"，就是看清楚了当思想一盛行，免不了有各种偏性和流毒，有各种被利用、误读和借酒下药。世道艰难，唯在于此。

因此倒不如一心只读圣贤书。有一位台湾的老先生说："我一生只守'潜龙勿用'这一爻。"可谓深明大义。佛家言"开口便错，动念即乖"。这种思想，倒是知识分子该去反思一下的。

中国的圣贤书中，已经将思想规模厘得很清楚了。所以金克木有"书读完了"的感慨。没读过的，多少也无关宏旨。知识分子要有自己的"体系"，是得有把书读完的决心和勇气。故此也没有开口管闲事的功夫。

如果认真去看，中国思想史有个有趣的现象：先秦诸子，可谓首脑头目；魏晋为颈项；汉唐为心胸；宋明为腰腹；清民一代为四肢，Breakaleg。

元气汇通，重在腰腹。宋代新儒家是中国思想史的集大成，不可不知。佛道相鸣击，产生禅宗；禅儒相鸣击，产生新儒家。故宋明理学是儒、释、道的集大成。

因此，研究中国思想，要"两头通、中间明"。从先秦诸子往下通，从晚清民国往上通，会师于新儒家，则学问明矣。

如果学问没有明，可能说的一切都还是"局部真理"。救世的动机固然好，但也常常好心办错事，一言不慎，悔之也晚。强作知论，遗害无穷。

所以我必须申明我说的都是外行话，它只是满纸烟云而已。我首先是个大众或个体，算不上知识分子。比首先更首先，我是一个自然人，其次才是一个社会人，然后才是一个自说自话的专业人。尽管我的专业是和文字和对外界发表言论有关，但绝对称不上知识分子。因为知识分子的门槛有点高：他首先必须要有自视为精英的勇气。我却连社会人的身份都想抛弃，愿意活成纯粹的动物。

而我所作的这一场谈论就如同历史上的"渔樵闲话"。干活干累了，歇歇脚，然而不知秦汉、无论魏晋。故此随便闲扯了几句。

名家访谈

日记（毛毛作品）

诗是最高的理想

——与著名现代诗人痖弦的电话访谈

曹莉

　　闭门防疫，宅家工作数月，能天天见面的，只有五楼窗外道旁的一排梧桐树。凋枝弱叶的萧瑟渐成郁绿如盖，正如的我心情，经长冬短春渐渐入夏。回望二月初，国内疫情高峰时期，精神受担忧和压抑的折磨，寝食难安，有度日如月之感。及至三月中，自己居住的城市纽约变成疫病的重灾区，身边蔓延的惨况和惶恐，再次勒紧了我的心口，呼吸亦觉不畅。面对灾难，尽管古人早总结出了祸福相依的辩证之理，谁又有心情眼见灾祸，独忖后福？焦虑至极时，我一度只能强迫大脑关闭接受和处理一切坏消息的通道，而转向钟爱的文学里寻求精神的避难所。不期然在网上发现了六年前台湾为现代诗坛几位大家拍摄的系列纪录片，观后受其感染，我完整阅读了那批诗人的代表诗集，　其中受益最深的是前辈痖弦的诗，还有他的诗论文章。

　　痖弦是台湾"创世纪铁三角"之一，1954 年和洛夫、张默一起创办《创世纪》诗刊。痖弦在 1960 年代就出版了代表作品、诗集，创作成就达到巅峰，其诗作语言和想象力的原创性在新诗界影响深远。之后的生涯，痖弦对文坛的另一个贡献不输其作品：担任文学刊物主编几十年直至 1998 年退休，其间发掘培养出许多优秀的诗人、作家。他主编了 20 年的《联合报》副刊在台湾激烈的报业竞争中风头一时无两。

对只有几年新诗创作经历的我来说，三月底首次读到痖公解答新诗十一个相关问题的文章时，真有"相逢"恨晚的感觉。而两个月后因机缘巧合能与痖公直接连线做访谈，更是惊喜，也许这就是未曾预计的，灾难中意外的幸事吧。通话后，我尽快整理好了痖公的讲述内容，迫不及待地想和所有热爱汉语文字，诗歌和文学的同道们分享。痖公年已耄耋，因健康欠佳，近年在温哥华家中深居简出，然而他思考、表述问题的清楚、流畅，和条理性仍非同一般。读完下面的访谈记录，相信你也会折服于新诗一代开创性人物的思想和情怀。

曹莉：

痖公，借疫情的居家时间我完整看了一遍《他们在岛屿写作》系列纪录片。您那集《如歌的行板》看了两遍，每次都跟着掉泪，很感动。最近还找到您以前写的一篇讲新诗问题的文章，颇有收获，非常谢谢您能留下来这样的经验，所以今天能和您直接通话，尤其激动。我们在纽约的文坛前辈鼎公（散文大家王鼎钧先生）和太太向我提起您为人特别好，这点我在纪录片里也看得出来。鼎公九十多岁除了听力不济，思维依旧好极了，我们都相当佩服他。

痖公：

思维好很重要。鼎公是个宝，是台湾的文学领袖，他是个非常有独立精神的人，也是基督教信仰者，但是他信的方式跟一般人不一样，是个智者。我一生重大的转折，一定都要问鼎公。

曹莉：

常和我们在一起，鼓励我们写新诗的王渝老师也经常提起您，给我们讲过不少你们那一辈诗人的故事，她说起过大陆作家木心的作品就是经她交给您，您在台湾第一次推出的。

痖公：

我当时看到他的作品，就在我主编的《联合文学》给他出了期专号，而且还举行了朗诵会。他纽约的鼓声那篇（注：原文标题《林肯中心的鼓声》），我一边打着鼓一边朗诵，他是杰出。

曹莉：

作为诗人，您的不少作品已经流传开来，作为多年的编辑，您又把这些一辈子读诗写诗的经验写下来。在20年前主编的《天下诗选》那篇序言"新诗这座殿堂是怎样建造的"文章里，你把有关新诗的问题用十一个问答的形式说清楚了，不是每个诗人都能有这个本事，令人佩服。

痖公：

高希均是搞科研的，说我们要找个人把这个新诗写写。他说你说说看，你们的新诗到底怎么回事儿，我们编一套书。我还请了张默，还有萧萧，我主编，他们协助，编了一套东西，是针对初写诗者。

我当编辑时，写过几千封信呢，有投稿的来，不能用的我写道歉的信，亲笔写，我很多都捐到中央图书馆，捐的都是有内容的。我像传教人、传道人一样传文学。像蒋勋、林怀民，当时都是文学青年。有一次开会，蒋勋来找我。我要他进来，他还说我不是作家，不进去，羞答答的。后来他一连串的诗，都是我给他找地方发表的。现在还得了，影响非常大。

曹莉：

接下来我想就关于您的这部纪录片和那篇文章里提到的问题请教。

痖公：

我能大概说一下，久了不行。或者分几次，精神不及。

曹莉：

您能打着鼓朗诵木心的作品，纪录片里也看到您喜欢用指头击打节奏，还有您对家乡的戏曲有深厚的感情，由此感觉您对音乐和节奏非常敏感，这些是否和您新诗语言有鲜明的节奏感特点有关？

177

痖公：

我小时候是地方戏的爱好者，小小孩子赤着脚在泥巴地里看我们乡下的社戏，跟着唱。戏完了我还在后台看着演员卸妆，崇拜，这个（跟诗的节奏感）有关系。跟西方比较而言，我们中国文学里没有规模大的叙事诗，我们短诗繁荣，像白居易的《长恨歌》比较少。我们的叙事诗是在戏剧里，我们的长诗都是唱出来的，就是地方戏，京剧等古老的戏。其实中国的歌剧、地方戏等于说也是长诗的表演。这方面我们跟西方比，不太一样。西方有时不演就写出来了。我们是演出来的，还有不同的人物。你看我们的昆曲、京剧，哪一句不是诗的语言？在古代中国，剧作人跟诗人是一个身份，他把诗给活化了。我写诗时的节奏感，跟戏曲里得到的感觉有可能有关系。

曹莉：

怎样看待有些现代诗喜欢断行、分行，而您的诗作里一行内的节奏通常连贯流畅？

痖公：

每个诗人的节奏意识不太一样，有时候抬头，另起一行就感受不一样，因为它经过很快的停顿，也是停顿嘛，停顿以后就产生新的味道，节奏的情况就不一样。分行的意义就是它控制节奏。好像唱歌一样，每个人的气场不一样，有的分的非常好，不分就没味道了，非要这么分才好玩。

绿原有首诗说：小时候/我不认识字/妈妈就是图书馆。简单的停顿后，读者要追下去就比较有趣，因为我们读诗时，要一行行地读，所以分行就很重要。小说分行没有诗那种绝对分行的意义。小说是说故事的，但有时候他的分段也是大有学问的。每个诗人要按照你自己的气场来策划就自然。可以参考别人的办法，把它引申到自己的情况。每一个人写的诗不一样，就是因为每一个人都不一样，你表达了你的经验，就是一个独特的风格出来了，但是人家表现的方式也可以学习，再想到自己，可以跟他不太一样，甚至超过他也是可能的。

曹莉：

您曾经提到过离开大陆时，身上只有一本书，就是何其芳的诗集 《预言》。那么，在上世纪上半叶在大陆现代诗人里，对你影响大的华语诗人有哪些？

痖公：

上世纪 30，40 年代，像何其芳，卞之琳，闻一多这些，我各家都采用一点，要各家都看，要把各家的味道都综合了。还有绿原，他们这些诗人的诗都非常好。

曹莉：

西方诗人对您影响大的有哪些呢？

痖公：

我们年轻时当兵没时间学英文，英文是后来补的，那时后我们大量地看翻译的诗，像余光中等都是很好的翻译家，他翻译的诗都可以拿来看，那个速度就可以很快。因为翻的时候又经过创造。翻译也是一种创造。比如说英国诗人的作品经过余光中的翻译、加工，然后又产生一首新的作品，那个也很好，有时候比看原文还要好，或者说同样好。当时我们都读了 T.S. Eliot，我们都读他，我们那一代人都佩服他。古典的像 Yeats（叶慈）都要念的。

你看大陆很多人写歌词都是向西方人学的。中国大陆有些谱曲、写歌词人段数很高的，把它中国化了。文学政治化，就显得很浅，很功利化，再巧也不好玩，因为写作的人写作要出于自因，不能来自他因，你自己生长出来的问题，生长出来的声音才有创造力。世界上所有的宣传文学最后还都是失败的。因为文学它是来自独立的人格。

曹莉：

您的诗集，我在大陆很难买到，上次回去订了一本商家说唯一一本有损坏，没法发货。美国的 Amazon 上，我找到一本您《深渊》的英译本，就这一本吗？

痖公：

我学惠特曼，只出一本《草叶集》，再出的时候，把差的拿下来，自己觉得好的放上去，我是在用惠特曼的办法，是在进取，在努力，不是说出一本书一切就好了，不是这样的。我用选汰的办法，所以看起来是一本，但是第一年出的和第二年出的都不一样。

至于说最后为什么不写诗了，因为诗这个东西很娇贵，诗是最高的理想，要写到最好才好玩，写得不好没有意思。不是因为看不起诗就不写诗了，是因为太看得起了，我其他方面的文章写了很多，但是诗就不敢碰了。

你在哪里念的书啊？

曹莉：

在芝加哥留学的，学的是新闻。

痖公：

芝加哥也是很工业性的，我写了一首诗叫"芝加哥"呀，我说在芝加哥只有蝴蝶不是钢铁。 我是乡下人，对西方的世界非常向往，但是我不是写旅行社的小册子一样介绍。我是钻到他们的文学作品里，好像我是巴黎人一样，就写一首诗叫"巴黎"，好像巴黎人的恋爱的场景都有。写伦敦的时候就好像我是英国人一样，说好像你都去过一样，结果我没有去过。没有去我就写，去了还不一定写得出来。中国文学里也有这个情况，有很多边塞的诗人没有去过边塞。没有去过也可以写的，但是你要阅读，假如说英国的小说你非常熟，法国的诗和小说你都熟，要写一篇假装我是在哪里。我写的时候没有去过，去了以后想还都对，所以都是可以做的。诗是非常自由的。

今天就跟你讲到这里，我年纪大了，很累，对不起啊。

2020 年 6 月记于纽约

疫情（徐进作品）

胭脂

葛文潮

馥郁的桂花香穿过亭子间的窗缝，钻进朝阳的鼻孔，塞满了肺腔，又从全身的汗毛孔里散出来，充溢了小小的亭子间，满屋子都是甜甜腻腻的味道，就像昨晚朝阳姆妈煮的桂花酒酿圆子。

桂花香来自隔壁花园的桂花树，树和亭子间的窗仅隔了一道高墙。高墙虽高，却比亭子间的窗台还低些。窗台离高墙很近，近到朝阳的父亲一抬腿，就能从自家的窗台跨到彼家的高墙，这满树碎金的桂花简直就是开在朝阳的床头。

朝阳在桂花香中醒来，耳边是画眉鸟的啁啾，昨晚酒酿圆子的味道依然在舌尖留存，一同留存的还有一股铁锈味，那是昨晚演出时夹在鼻孔里的假胡子的味道。

朝阳在幼儿园被选上跳新疆老头。舞蹈一开始是六个女孩鱼贯而出排成一排跳，然后新疆老头从女孩们中间蹦出来，一边踩小碎步一边摇头，最后伸腿鞠躬喊声"亚克西"结束。他们这个舞很受欢迎，每有领导或外宾来幼儿园参观，他们的节目一定是压轴。少年宫或其他机构有文艺演出，也时常让他们去登台，不知不觉朝阳成了幼儿园里受人瞩目的孩童。

朝阳被选上跳新疆老头，老师说是因为朝阳认真。之前有一个类似广播体操"晨风吹战鼓擂"的舞蹈，老师觉得朝阳在一众小朋友中跳的最认真，于是在排练新舞蹈时，选了朝阳跳新疆老头。新疆老头的小碎步不太好跳，但朝阳在反复练习后还是能上台跳了。朝阳每次上台都会怯场，还时不时会把假胡子跳没，还好每次演出都能应付过去。

昨天晚上他们又被邀请到少年宫去演出，9点才回到家，心疼儿子的姆妈早早做好了酒酿圆子，还撒了桂花，朝阳喝了后一觉睡到天亮，直到被桂花香熏醒，满耳朵是画眉对清丽早晨的讴歌。

今天是周一，大人上班小孩上幼儿园。朝阳喝完父亲买回来的甜豆浆，嚼完一根油条就上幼儿园了。

幼儿园离家不远，出了永嘉路，沿乌鲁木齐南路往南，走到建国西路左转就到。父母偶尔会送朝阳去幼儿园，很多时候都是朝阳一个人走着去。

去幼儿园的路虽然不长，有两处却不太寻常，一处是一家铁门紧闭的别墅，有时会走出一位丰满的白俄女人，跟朝阳同走一段路。一处是别墅对面的一幢三层洋房，现在是"文攻武卫"的指挥所，门口有头带柳藤帽手拿梭镖一身蓝衣蓝裤的民兵守卫。

白俄女人身上有一股发馊的味道。每次见到她，朝阳都会好奇她的打扮和长相。她常常穿一件黑色大衣，紧紧裹着滚圆的身躯，尖跟尖头黑皮鞋，不苟言笑，脚步坚定，气场强大到令人生畏。更令朝阳生畏的是对面的"文攻武卫"，那个地方整天人进人出，每个人从头到脚硬梆梆的。时常看到卡车，从门口拉走一车头戴柳藤帽的民兵，驰骋而去，一顶顶柳藤帽夹着一簇簇梭镖，寒光闪闪。比梭镖更寒的，是从指挥所门里，渗出的阴森之气。朝阳喜欢粘在白俄女人的后面，却对对面的指挥所不敢瞟上一眼。

朝阳的幼儿园之前是汪精卫的寓宅，现在成了机关幼儿园。进门左侧是门卫房，一条直道通到头是宅子的入口。直道右边是一个大草坪，大草坪上有假山，假山一侧是滑梯，一侧是个小泳池，泳池上架了个葡萄架。天热时泳池会放满水，小朋友们就泡在水里嬉戏。

宅子有落地门窗面对草坪，落地门窗后面的房间，现在是幼儿园的游戏室，游戏室接一大厅，以前可能是客厅，也可能是舞厅。

大厅外的通道接玄关，接二楼，也接后厨。

朝阳进了楼后，直奔后厨。今天他迟到了。不知道从什么时候起，迟到的小朋友都会主动先去后厨拿大家吃午饭的碗勺，老师见他们把一大筐碗勺搬来也不再呵斥。朝阳去到后厨时，碗勺早已蒸好放在笋筐里，朝阳拿了一笋筐就去自己的教室。小朋友们正跟着老师学唱歌，看到朝阳拎着笋筐进来，大家都没说什么。

这天接下的时间，学写阿拉伯数字，午餐，午睡，玩游戏，直到家长领回家。

朝阳被姆妈领回家不久，小刚和小红就来找他了，要朝阳和他们一起去小云家。他们说这次替补新疆姑娘的小云，今天来幼儿园，脸上竟然还留着昨天演出的胭脂。老师却没说什么，但他们想要小云承认错误，并且保证以后不再做这种坍台的事。

小云是临时替换上场的，有人发烧，于是一直陪练的小云第一次有机会涂胭脂，穿彩衣上台演出。本来朝阳对小云演出后，不洗去胭脂来幼儿园，没什么想法。但在听完小刚和小红愤愤不平的唠叨后，也觉得小云确实有点坍招式。但他不想管闲事，推说不知道小云住哪里不想去。小刚说他知道小云住哪里，要多找些小朋友一起去，还说小朋友们都听朝阳的话，朝阳去的话，大家肯定都会跟着去。

三个人先去建业里找洋洋，洋洋要跟他父亲去澡堂洗澡。接着又去找文娟，文娟要带刚出生的弟弟。再去找同在建业里的小东，小东说他要帮家里看烟纸店，没空跟他们去。最后他们去懿园找芳芳，敲了半天门，喊了半天芳芳，芳芳才让他们上到二楼她的家，听到朝阳要她一起去纠正小云的错误，支吾了半天说不去。芳芳说小云不洗就不洗吧，总有一天要洗的，胭脂涂在脸上睡觉多难过，小云肯定会洗掉。任三个人怎么说，就是不去。

三个人最后只好下楼，小刚说我们三个去吧，去刮刮小云老面皮。朝阳想去小云家看看也好，反正话让小刚小红去说吧。

走出懿园大门，建国西路被脚踏车的洪流淹没，脚踏车的铃声此起彼伏，夹杂着 42 路公交车不时刹车的吡吡声。闻到桂花香飘来，是那一带洋房花园里的桂花树。其中有开在朝阳他们幼儿园里的，有开在朝阳床头的，有开在幼儿园小朋友家的。

满街的桂花香，走到哪都是甜腻腻的味道。不知道小云家有没有桂花树，反正有没有都能闻到桂花香。闻着桂花香，朝阳想起姆妈的桂花酒酿圆子，口水抑制不住流出来，朝阳吸了口气，想现在就跑回家。

到小云家的时候，三人在楼下喊小云，小云探出头，脸上好像已经没有胭脂。小刚和小红问小云，为什么不把演出的胭脂擦掉就去幼儿园。小云说我没涂胭脂。

小刚说："我看到的，别赖！"

小红也喊起来："我看到了，不要脸，赖皮。"

朝阳对两人说："她现在脸上确实没有胭脂了，走吧，回家吧。"

说完朝阳就先往弄堂口走了。

啪一声，一块红砖在身后砸在地上，炸开三瓣，白花花的水泥地砸出一滩胭脂。朝阳抬头一看，小云的哥哥小黑皮，正拿着另一块红砖，在他家阳台上探出半个身子。朝阳吓得赶紧往弄堂外跑，小刚和小红也慌慌张张跟着跑出来。

"小黑皮这个贵州乡下人，真是野蛮啊。"刚才还雄赳赳像个小公鸡的小刚，此刻蔫如瘟鸡。

"小黑皮和小云的妈妈是上海人，后来去了贵州。他们兄妹最恨被人看不起，你们没事别去惹他们。"弄堂口卖栀子花的阿婆开口道，她正好看到刚才一幕。

三人心有余悸跑出弄堂，看见夕阳把天空燃得红彤彤的。

小红喃喃道"天也涂胭脂呢。"

清风中桂花香阵阵袭来。

2020 年定稿于纽约

一台麻将

坚妮

　　夏天，满街绿茵，紫檀花开得热闹，一家人门口，一洼菜园里的大蔬菜摇曳着快要爆荚的留种，瓜棚里吊着丝瓜毛瓜，院子角落居然还有个大铁丝笼子，里面几只母鸡在嗫食。屋子里面，麻将推得哗哗响，玄关却没有一双鞋。美国人没有入屋脱鞋的习惯。

　　这天的麻将在立新家开台。窗台上的大黄猫沙梨，正对着地上南希带来的一小狗竖起了全身的毛，尾巴直直地冲天发怒，嘴里发出恐怖的嘶响。立新用英文骂她的猫，怎么这么不友好？Bully新来的小朋友？

　　其他的三个麻将友都笑了。四个女人，只有立新是中国人，中国家庭主妇，种瓜种豆，还养鸡，可她们打的却是犹太麻将。

　　犹太麻将用的是一模一样的中国麻将，东南西北风，幺鸡白板，条子筒子，四季花式俱全，唯一增加的是中文字上小小的阿拉伯字母，多了两个鬼（像打扑克一样），并且把"发财"窜改为"龙"，这种侵犯版权，也只有犹太人想得出来。不过要注意，出牌做牌完全另外一套规矩，每个人面前放着一张同样的牌谱，你只能按照这张牌谱上列出的50套组合做牌。

　　立新给大家发牌谱，是印刷的，上面还印着年份。这牌谱每年换，要不打一年就都熟套路了，卖麻将牌的公司每年设计新套路。这也是犹太人和中国人打麻将不同的地方，犹太人有生意经。

187

立新问小狗的主人南茜，小狗叫什么名字，坐立新对面的南茜说，刚才立新骂她的猫沙莉 Bully，小狗就叫"Bully"。本来小狗有别的名字，因为小狗老欺负家里的两个大狗，每次被大家骂，你怎么又 Bully 人家，被骂得多了，邻居都以为就是小狗的名字，后来干脆就被改名 Bully 了。没有想到，今天 Bully 来到这里，碰上对手了。

立新边摸牌，边想对等的中文字，中文里有这个字吗？是欺负人？霸道？英文的这个词或者用在孩子之间的大欺负小，强欺负弱，或者形容一个人以势压人，用霸道的语气和态度对待别人。不过，好像最近看到媒体有用翻译词"霸凛"了。

坐在立新右手边的海琳娜说，上星期刚上的电影《礼物》就是讲 Bully 的，一对夫妇搬进硅谷的大房子，发生了一连窜的让人起鸡皮疙瘩的怪事，原来这个貌似成功人士的丈夫是个Bully。

南茜说，你的介绍能不能够更详细或者逻辑一点？什么叫这个丈夫原来是个 Bully？Bully 是形容一个人的性格，或者说孩子在学校被人欺负了。

海琳娜说，这电影讲的是这丈夫干了 Bully 的事情。

林达说，我还是没有听懂，这丈夫干了令人起鸡皮疙瘩的Bully事情吗？

海琳娜说，这个男人很成功，很爱他妻子，表面上看他们很幸福，但是你看完这电影才知道，这只是表像。我要是把细节都讲了，你们还用看吗？

海琳娜对立新说，对不起，自从你参加我们的麻将圈，今天第一次来你家，别介意林达和南茜的说话方式，她们俩都是律师，所以非要把什么都说清楚才放过你的，可她们这样做不是 Bully。

大家对海琳娜机智的幽默报以笑声。

林达说，你要当心海琳娜，她说话机锋很建，因为她以前是搞新闻的，她要用语言 Bully 别人，别人都听不出来，那才叫高。而且她后来又去学了心理学，动不动就分析别人。

南茜说，我妈就是个Bully，我爸一辈子在女人面前老老实实话都不多说。她一死，我爸变了个人似的，勤快交女朋友，我才知道他以前是怕我妈。

海琳娜说如果你爸只是因为爱你妈，不是害怕你妈，或者你妈没有行动威胁他，那不叫 Bully，立新突然说，我的妹妹就是个 Bully。她让我妈把房子让给她一家住，我妈就得让，她不让我妈来跟我住，我妈就不敢来。我妈怕她怕得要死。

南茜说，这恐怕是你妈有问题吧？怎么可以把自己的房子让出来？

林达问，房屋产权是谁的？

南茜也问，你妈有什么把柄被你妹妹抓到手里，所以被要挟吗？逃税漏税？杀过人放过火？精神病？老年痴呆？

麻将牌一张张甩出，碰在桌上的声音好像是给话音伴奏，没有人因为说话而忘记出牌。

海琳娜像背书一样道：用强权或者对人施加压力迫使别人服从自己，这是 Bully 的定义。如果你的妹妹是在 Bully 你的妈妈，你可以让南茜或者林达帮你出律师信，先警告她一下。

立新不知道怎么给这些美国女人解释。中国家庭是讲和为贵的，是讲家丑不可外扬，她母亲绝对不会允许她以这样的方式去解放她。

林达说，我是做公司业务，就是并购买卖之类的案件。你找南茜吧，她是做家庭法的，加上她家已经有个 Bully，她知道怎么对付。

大家正说笑着，窗台上的猫突然窜上了壁炉台，带动了放在壁炉台上的相框花瓶和摆设，玻璃瓶落地的清脆破裂声和水泼到地上的响声加上猫的尖叫和狗的吠吠。猫从炉台跳上楼梯，消失到楼上的房间里去了。小狗赶走了敌人，不再吠吠，非常满意地跳到刚才猫占据的沙发上，转了一个圈，安卧下来，静静地看几个女人扫玻璃碎的扫玻璃碎，擦地板的擦地板，好像所有发生的事情和它没有关系。

大家都看着它，不明白它用什么办法把猫吓走的，也没有听见它吵，也没有听见它闹，明明进来的时候，猫是占着上风，还被主人因为Bully小狗训斥了一通。

大家问南茜，小狗在家通常用的是什么 Bully 手段。南茜想了想，也说不上来，总而言之小狗走到那里，那两只大狗总是躲开它，很少见它们待在同一个房间里，连喂食，也是小狗先吃完，大狗才过去。

海琳娜笑着说，霸主地位已经奠定，大狗早已经被制服，所以也不必再出手段，恐怕就是这样的情形。

大家都对海琳娜的这个分析认同，Bully的话题就算告一段落，注意力回到红中白板和碰牌上面。只有立新有些悲哀，看来她母亲的地位是没有希望好转改变了，她想。

缝补

贺婉青

　　小瑄时常站在液晶萤幕的广告招牌下，看广告里长腿模特儿跃得好高、开怀欢笑，那种笑就像是蜜汁，从模特儿的脸上满溢出来，经过的人都会被这股愉悦溅洒到。小瑄趁没人注意的时候，试著向街旁停放的摩托车的照后镜笑。不过她的笑，少了什么支撑，浮在脸上，浅浅的，倒像被揶揄后不知要笑还是收的尴尬。

　　从南投上台北念书已经两年，她小心翼翼藏好她的原乡，台北人有种优越感，他们认同的台北地区，在重重圈围下，交集出窄小的黄金圈。有一次听到同学背后嘀咕，"小瑄说她住台北，新庄哪算台北啊？"彷佛台北县升格、地图画的都不算，老台北说了才算数，更别说是南部来的乡下人。还好小瑄的爸爸是外省人，一口字正腔圆的国语让她有了城市人的味道，她也庆幸自己的敏捷机灵，掩藏了乡下的土气：虽然家里务农，她跟城市的同学可生活在同一个生活水平，下课后努力工读，同学用 iphone，她也用，网路二手的；她们穿缩臀纤腿的牛仔裤，她不多久也穿了，虽然不是日本的，也是台湾偶像明星代言的潮牌。

　　小瑄打定主意撕开这条旧的牛仔裤，数数也穿了一年，能变身为裂缝牛仔裤，CP 值算很高了。自己扯开的，比外面卖的有个性，小瑄多次走在广告液晶面板下，被路人拦下，问她哪买的。赞美越多，益显自己变通的灵巧，小瑄沾沾自喜的时间却持续不久，牛仔裤裂缝的鬚边愈裂愈大，已碎裂成圆洞，大到快叉开，她特别逛牛仔裤专卖店比较过，店家卖的裂缝牛仔裤加固车边，设停损点，专业有学问的。

她仅拖鞋出门，找裁缝修补，眼睛扫著街上的招牌，一排一排的扫，终于在巷子后找到一间违章加盖的家庭式裁缝店。看到巷口的招牌，穿入被铁皮遮蔽的暗弄，走了一小段路才进入敞开的大门，里面暗不见底。小瑄站在门口有些疑惑，门口大喊"老板在吗？"一道黑影倏地穿出，一位花白平头的阿伯瞪大眼打量小瑄，她哀求裁缝师一定要帮忙，他以为她跑错地方，要缝补她皮肤开绽的伤口。

和父亲年龄相仿的老裁缝师摊平牛仔裤仔细端详，瞇眼抬起眼镜皱眉说，"以后莫自己乱剪，不然，好好的一条裤就坏坏去。"小瑄快一年没回家，老裁缝的形貌让她想起在南投务农的父亲。

工作室昏暗，师傅扭开裁缝机上的日光灯，沿著牛仔裤不规则的裂缝踩动。小瑄出神地看著答答答的车线滚动，再随著裁缝机摆动的声响，转到跳动的电视萤光幕；这是阴暗湿的屋内，还能够吸引她、感受到生命律动的两样东西。

电视上播著一群时髦名媛，上节目交换一时冲动购买、又不适用的精品。小瑄没有余钱可以冲动，更没有外国的精品，如果她上节目交换，可以拿出什么东西，才不会被大家耻笑？她纯过瘾在内心想象，这条牛仔裤算不算。

"这种坏天，雨是欲落到什么时阵？"小瑄被低沉的声音吓一大跳，屋里怎么还有人？

裁缝师扬眉望了声音传出的对角，"就是啊，老陈，足足落一个礼拜。"老陈坐在暗处，回话的声音像从幽谷传出，断断续续，"再落下去，人都要生菇了。"

两位老先生有一句没一句的说话，落入裁缝车平稳一致的车线中。小瑄在嗒嗒嗒没有起伏的声音里，催得阖眼昏睡，她试图保持清醒，却想不出衣橱有炫目的精品，可以上电视搏掌声。

"我后生要死了……""我后生欲死啊……"老陈说得慢，字字像从咬破的舌中咧出，平淡的像说别人的后生。

难道北部人跟南部人，还是台湾人跟外省人看待生命的方法不一样？自从上了台北，小瑄常有一种被挥揎的感觉：从左扫到右、又被右归回左，外表看起来游刃南北、通吃外省、本省，事实上，始终跨不过那口喷发的火山，既不属于这，也不属于那，轻的像盘旋在火山口的飞尘。

这会儿，"死亡"这样强大的字眼，撞醒了坐在陈旧藤椅上的小瑄。今晚是朋友的生日，盛大庆生的喜悦却交叠著别人的死期，生死交会，像火车错轨对撞。小瑄不可置信的竖起耳朵听，身体像有了重量，藤椅发出吱吱的声响。她瞥向老陈，老陈低头，看著地板说话，额角漾著暗光，像长了一对眼睛，吓得小瑄赶紧回头看电视。

瞇眼、快瞅入车线中的裁缝师，倏然抬头，瞪著没有表情的老陈，"你后生要死了……甘是真的？"裁缝师看不到老陈的悲伤，疑惑地看小瑄，讨一个认同的目光。被扯入别人的死别，小瑄没有准备、也没有能力回应，脸上的表情像哭又像笑。

裁缝师瞇著眼，低头继续踩动针车踏板，答答答的车线滚动，彷彿生命与死亡，正如一道直线。小瑄想，这两个老人怎么回事，提到后生要死了，亲像在说别人的故事，她身上发起疙瘩，想起小时候在大树下听阿公说古，阿公在故事转折时，刻意拖长的尾音。

"黄飞文先生，挂号信。"邮差在门口大喊。裁缝师愣了愣，喃喃唸著"黄飞文、黄飞文"，似纳闷儿子搬走好几年了，怎么还有信？裁缝师戴上老花眼镜，打开屋角铁桌下的抽屉，挑出一颗图章递给邮差。裁缝师掂了掂信，拆开，取出附上违规照片的交通罚单。似乎是一个中年人，头戴安全帽，违规转弯。儿子身影模糊，裁缝师似乎无从判断照片里的人，是不是儿子？也不认得那辆机车跟车牌？好像没有任何一个讯息是稳定的，却送往这里来。

裁缝师坐回椅子，继续踩动针车踏板，脑里试图回忆儿子阿文上一次打电话来的时间，是今年，还是去年？脑海不见儿子，却跳出一堆待修改交件的衣裤，及老陈的儿子。

近年看到老陈的儿子，阿铭，常穿著贴身夹克，脚踏皮靴，昂然大步的回家探视老陈。听说现在搞乐团，混的不错，后面还跟著小跟班，像是刚毕业的学生，怯生生的。老陈常常叹气对裁缝师数落阿铭，押房子给儿子出专辑，蚀了他的棺材本。但是当阿铭不时孝敬老歌群星会、怀念台语金曲的演唱会门票，老陈瞬间有了招朋引伴请朋友的神气，气又消了。

这半年少见阿铭，老陈说他借人头被倒帐，跑路了。小巷弄，邻里相闻，老陈家中常放任催债电话铃响，响的像断弦没调音的吉他，清音走调，更像是独居老陈的凄诉。大家听的凄凉，他倒镇静，锁上大门，像锁上自己的耳朵，成天往裁缝师家跑。

老陈常常坐在角落，半天没有任何声响，偶有声音，就幽幽地说他才是受害人，房子钱都贷光，是空壳，他不知阿铭到哪去了？房贷仍得按月缴。老陈说儿子再不出来，变法拍屋，他只有搬出去了。

裁缝师推送牛仔裤的车边，踩踩停停的规律中，回忆旧时光，慢慢清晰了自己儿子阿文的形象。满月酒时，胖嘟嘟的身体挂满了金锁片，他撑著阿文尚未挺直的颈子，每一桌去献宝，儿子半开半掩的眼睛，彷彿懒的搭理一屋子的嘈杂，满桌跑的裁缝师成为满月酒的主角。一眨眼，裁缝师又看到阿文跟阿铭趴在地上打弹珠，弹珠滚得满地，裁缝师跟老陈也趴在地上帮儿子找弹珠、帮儿子抓玻璃罐里跳出来的蚱蜢。

裁缝师停踩踏板，刹时有了灵感。电视说新冠病毒大流行，"老陈，你的孩子，难道得了新冠肺炎？"

老陈对裁缝师收的挂号信，没兴趣问；听裁缝师问他，自己低低说话。裁缝车答答答的声音盖过了老陈的回答，裁缝师停止踩动，要他再说一遍。老陈静默不语，裁缝师又问了一遍，老陈才说，没，没歹志。

小瑄距离老陈近，听得清楚。老陈的孩子，肺咳坏了，插管不能说话，只能干望他，老陈给他一只笔，叫他把想说的话写下来。老陈还叹了口气：安呢嘛好，免凑钱、跑路啊。

牛仔裤改好了，小瑄在围帘遮起的更衣区试穿。帘外没有裁缝声，电视声高低不一，忽然窜出一阵大笑跟掌声，显得屋内更静。小萱吸小腹，拉实裤链，刷的一声，像裤头绷裂，也像摩托车呼啸。声音大，吓了小萱自己一跳，她低头，裤子没事，难道真有车，从小巷经过？小萱轻声收拾好衣物，撩开围帘。

两个老人，仍坐在各自的角落，不忙，也像有事情在忙。中间一台电视机，它打开著，发出各式各样的声音。